사랑하기에

사랑하기에

발행일	2018년 8월 17일

지은이	박 상 률		
펴낸이	손 형 국		
펴낸곳	(주)북랩		
편집인	선일영	편집	오경진, 권혁신, 최예은, 최승헌, 김경무
디자인	이현수, 김민하, 한수희, 김윤주, 허지혜	제작	박기성, 황동현, 구성우, 정성배
마케팅	김회란, 박진관, 조하라		
출판등록	2004. 12. 1(제2012-000051호)		
주소	서울시 금천구 가산디지털 1로 168, 우림라이온스밸리 B동 B113, 114호		
홈페이지	www.book.co.kr		
전화번호	(02)2026-5777	팩스	(02)2026-5747

ISBN   979-11-6299-266-1 03230 (종이책)   979-11-6299-267-8 05230 (전자책)

이 도서의 국립중앙도서관 출판예정도서목록(CIP)은 서지정보유통지원시스템 홈페이지(http://seoji.nl.go.kr)와
국가자료공동목록시스템(http://www.nl.go.kr/kolisnet)에서 이용하실 수 있습니다.
(CIP제어번호 : CIP2018024251)

(주)북랩 성공출판의 파트너

북랩 홈페이지와 패밀리 사이트에서 다양한 출판 솔루션을 만나 보세요!

홈페이지 book.co.kr • **블로그** blog.naver.com/essaybook • **원고모집** book@book.co.kr

감사하신
하나님께 바치는
신앙 수필 100

사랑하기에

박상률 지음

북랩 book Lab

추 천 의 글

글 속에
어떻게 자기의 일상을
이처럼 아름답게 담을 수 있을까?
아픔을 이야기하는데 평안을 느끼고
외로움을 호소하는데 사람이 보입니다.
고통을 울부짖는데 기도가 들려옵니다.

글 속에 수많은 아픔을 승화시킨
저자의 순수함일 것입니다.
작은 일상의 이야기 속에서
창조주를 찾아가는
저자의 간절함일 것입니다.

때로는 여행자처럼 무엇을 찾기도 하고
때로는 방랑자처럼 찾아지는 것을
스케치하기도 하는데
사람 냄새가 나는
훈훈함을 느낄 수 있는 것은
책의 제목처럼
사랑하기에 담을 수 있는
저자의 지혜일 것입니다.

자신의 이야기를 시처럼 적어 내려갔습니다.
마치 산골짜기에서 작게 흐르는 물이
갈수록 큰물을 이루듯 이야기 끝은
말씀을 통해 최고의 지혜자와의 만남을
이야기했습니다.

혼자라고 생각하고
외로워하며 멈추어 섰던 순간
그의 삶에
수없이 많은 상처와 아픔의 이야기로
가득 채워져 있다고 생각했지만
뜻밖에 저자가 발견한 것은
자신의 삶에 함께한 분들의
따스함이었습니다.

그의 삶의 완성을 위해
마치 퍼즐 조각을 맞추어 가듯
동행했던 아픔과 시련까지도
그에게는 친구로 여겨졌습니다.

저는 저자인 박상률 장로님을 만나면서
사랑을 어떻게 해야 할지 모르는
나를 알게 되었고
나의 작은 마음을
어떻게 아름다운 사랑으로
받아들이는지도 배웠습니다.

박상률 장로님 때문에 행복했습니다.
그것은
마음속에 깊게 숨겨져 있던
보석 같은 순수함을
볼 수 있었기 때문입니다.

그분의 고백처럼
사랑하기에 느낄 수 있었습니다.

축복합니다. 사랑합니다.
그리고 열심히 살아주셔서 감사합니다.

동안교회 담임목사 김형준

감사의 글

감사의 마음을 전합니다.

얼마 살지 않았지만
감사를 하며 산다는 것이
얼마나 어려운 것인지
50 고비가 넘어서야 깨닫습니다.

하지만
세상을 혼자 살아오지 않았음은 분명한 사실이고
살아온 기간 동안
너무 많은 분들로부터의 도움을 받았기에
지금 존재하는 자로서 살아감을 고백합니다.

그 사랑에 감사를 전하고자 합니다.

하나님께 감사를 드려야 함은 당연해서
감사의 사연을 기록할 필요가 없습니다.
그분은
저를 만드셨고
지금 존재하게 하시며
미래의 영원한 삶도 이끄실 것이기 때문입니다.
영광을 돌립니다.

아내. 이미애.
나의 삶에 가장 큰 영향을 끼쳤고
앞으로도 평생 끼칠 나의 아내.
감사의 대상이기보다
저의 삶, 그 자체라고 표현해야 할 저의 아내.
감사합니다.

힘들 때 살아야 할 이유가 되어 주었던
병무, 지혜, 지영, 성진
나의 사랑스런 아이들에게
감사합니다.

어머니.
평생 부족하고 불안한 저를 위해 기도하신 어머니.
새벽기도, 아침예배, 저녁예배, 급하면 하루 수십 번 예배.
그 기도가 저를 지탱했습니다.
감사드립니다.

김형준 목사님.
저의 부족을 아시지만 사랑으로 덮어 주시고
기도와 말씀, 훈계로 저를 이끌어 주신 형님 같은 목사님.
아프신 몸을 이끌고
어려움에 처한 저를
황급히 만나러 오셨던 그 걸음을 잊지 못할 것입니다.
그 사랑.
제가 갚을 능력이 부족하기에

하나님께서 배로 갚아 주시길 기도드립니다.
감사드립니다.

김장진 장로님.
많이 꾸중하셨고 옳은 길을 가르치셨지만
저의 불순종으로 마음이 얼마나 상하셨을까
이제야 생각해 봅니다.
그 사랑의 마음을 이제야 조금 깨닫고
감사드립니다.

구성열 선생님.
지식보다 지혜를 가르쳐 주셨던 교수님.
스승이기보다 아버지 같으셨던 선생님.
그동안 감사의 표현을 한 번도 드리지 못했습니다.
정말 죄송합니다. 감사드립니다.

모든 분께 감사드립니다.
감사의 원인을 평생 생각하며 잊지 않고 갚으며 살겠습니다.
감사드립니다.

소석 박상률

감사의 글

차 례

사랑의 이유

영화 제목 〈순정만화〉
영화에 나오는 남녀의 대화이다

여자: 나를 왜 사랑해?
남자: 예쁘니까

평범한 대화였지만
나에겐 어색한 대화였다

예쁘지 않으면?

물론
감사하기에
미안하기에
예쁘기에
사랑할 수 있지만

사랑하기에 사랑한다면

변할 수 있는 사랑의 이유가
변하지 않으리라

사랑하는 자들아 우리가 서로 사랑하자
사랑은 하나님께 속한 것이니

요한일서 4장 7절

사진 한 장

어린 시절

당시엔
시골 가정에서
아니, 도시의 가정에서도 흔히 볼 수 있는 것이
벽에 걸린 가족사진들이었다

물론 지금도
예쁘고 화려하게 찍은 사진이 한두 개 정도 있지만
과거, 벽을 도배하듯 걸려 있었던 것에 비하면
비교할 바 못된다

그 당시
가족을 떠날 때면
꾸려진 짐 속에
사진 한 장은 꼭 챙겼다

가족사진

가족을 떠나 외롭고 힘들 땐
낡아서 바래 버린
그 사진 한 장으로부터
위로를 받았다

지금은
디지털 시대

사진첩이 없어도
스마트 폰에 수많은 사진을 보관할 수 있으니
굳이 낡은 사진 한 장을 손수 보관할 필요가 없다

그래서일까

가족사진이 덜 그립다
어쩌면 가족이 덜 그리운 것 같다
풍요가 가져다 준 메마른 사랑이 원인이 아닐까

명절이면
사진 속 가족을 만나려고
서울역을 가득 메웠던 그 많던 인파는 어디로 갔을까?

평소 만남이
많아졌기 때문이라지만

사진 한 장을 소중히 간직했던
그 사랑이 메말랐기 때문이리라

오늘은
낡은 가족사진 한 장이 그립다

하나님이 고독한 자들은 가족과 함께 살게 하시며

시편 68편 6절

말씀 없는 간증

나를 바른 신앙으로 인도했던 선배가 있다

그 선배는 성경 말씀으로 나를 인도했다
그리고 하나님에 대한 증거를 말씀으로 했다

그때마다
난 선배에게 간증(?)했다

하나님께서
나를 이러이러하게 이끌어 주셨는데
그 하나님께 경배한다고

그랬다
난 간증하며 하나님에 대한 확신이 있었다
말씀 없이

그런데
살아 보니 달랐다
성공한 일로 인해 실패를 하고
실패한 일로 인해 더 좋은 성공을 하는

그렇게 되니
성공을 간증했던 일이 부끄러운 일이 되고
실패로 절망했던 일이 좋은 경험이 되는
그러한 일이 발생한 것이다

이제
난
함부로
나의 성공담을 내세워 간증할 수 없다
나의 실패담을 내세워 설득할 수도 없다

다만
말씀에 비추어
내 삶을 돌아볼 뿐이다

선배처럼

주의 말씀은 내 발에 등이요 내 길에 빛이니이다

시편 119장 105절

미장원

토요일이다

눈 꾹 감고 늦잠을 잤다
자고 난 뒤
아내의 성화에 못 이겨 미장원엘 갔다

아내가 미용사에게
이러이러하게 커트Cut해 달라고 주문을 했다

이발을 하면서
'조금 더 자를까요?', '이 부분은 이게 좋아요' 등
미용사는 얘기도 하고 물어도 보았다
아내에게

그런데
나에겐 전혀 묻지 않았다
물어볼 생각도 없어 보였다

결혼 후 지금까지
아내랑 함께 미장원엘 갔는데
미용사 모두가 그랬다

내 머리카락인데

네가 내 백성 이스라엘의 목자가 되며
네가 이스라엘의 주권자가 되리라

사무엘하 5장 2절

기도 祈禱

기도는
하나님과 교통交通하는
방법이다

감사, 회개, 경배, 필요간구

기도를 하다 보면
우리의 필요를 채워 달라는 간구가 많다

늘
달라 달라 하는 기도이기에
미안한 마음조차 들지만
성경엔
우리의 필요를 간구하라 하신다

그런데

기도 후
응답이 없을 땐
답답하다

하라 하시면 하고

하지 말라 하시면 안 할 텐데
응답이 없으시면
그지없이 답답하다

내일
파산을 앞둔 기도자에겐
기도 응답 없는 오늘 밤이
무척 괴롭다

치료가 불가능합니다

생명의 끝을 선고받고 병원을 나서는 이의
간절한 기도는
괴롭다 못해 멍해진다

그럼에도
응답이 없으면

성경을 뒤적이지만
머릿속은 하얀 구름 속일 뿐이다

하나님의 때는
우리의 예정된 시간과 다를 수 있고

하나님의 결정은
우리의 원함과 다를 수 있지만

그 차이를 품을 수 없는 존재가
우리이기에
답답할 뿐이다

내가 산을 향하여 눈을 들리라
나의 도움이 어디서 올까
나의 도움은
천지를 지으신 여호와에게서로다

잠언 3장 14절

긴장이 되네요

지난 토요일
몇 주 전부터 계획된
6남선교회 야유회를 다녀왔다

같은 또래인지라
같이 할 수 있는 것이 많아서 좋았다

끝나고 돌아오는 전철 안에서
이번에 처음 남선교회에 참석한
한 집사님과 얘기를 나눌 수 있었다

그분은
약 10년 전 신장암이 발병했고
수술 후 7년째 되던 해 재발이 되었다
그리고 얼마 전, 폐까지 전이되어
총 네 번의 대수술을 받았다고 한다

그래서 물었다
언제 검사하러 병원에 가는지

3개월마다 갑니다
한 달 뒤 검사받으러 가는데

약간 긴장이 되네요
폐는 재발률이 약 80%나 된다고 합니다

미소를 머금고 얘기는 했는데
난 떨렸다

말이 쉽지
그분의 마음은 오죽 타들어 갔겠는가?

언젠가 가야 할 천국이지만
이 세상에서의 삶이 그다지 길지 않았고
해야 할 일도 많이 남아 있기에
하나님의 긍휼과 치유하심을 애타게 기다려 본다

전철에서 헤어지며
저미듯 아플 그의 마음에
표현하기 어려운 나의 마음을 전했다
기도하겠습니다

참새 두 마리가 한 앗사리온에 팔리지 않느냐
그러나 너희 아버지께서 허락하지 아니하시면
그 하나도 땅에 떨어지지 아니하리라
너희에게는 머리털까지 다 세신 바 되었나니
두려워하지 말라 너희는 많은 참새보다 귀하니라

마태복음 10장 29~31절

하기 싫음

새로운 일을 진행함은
쉬운 일이 아니다

진행에서 중요한 것은
좋은 아이디어와 자금력
그리고 과감한 실천이다

부수적으로
적절한
고민을 더하여야 한다

그런데
부수적 고민이
너무 중요하게 다뤄지면
아무것도 진행할 수 없다

내가 그러하다

배신에 대한 두려움은
새로운 사람과 함께함을
두렵게 하고

투자에 대한 실패 경험은
새로운 투자를
어렵게 만든다

고민을 가장假裝한
하기 싫음이 아닐까

풍세를 살펴보는 자는 파종하지 못할 것이요
구름만 바라보는 자는 거두지 못하리라

전도서 11장 4절

화火

아침에 화火가 났다
화가 나면 말하기가 싫다
말하지 않으면
주위 사람은 화난 나를 이해하지 못한다

그것으로 인해
오늘 아침
나는 화가 더 났다

마음속 한쪽에
성능이 좋은 분노 스위치switch가 있나 보다

스위치를 스쳐만 가도
참지를 못하니

미련한 자는 당장 분노를 나타내거니와
슬기로운 자는 수욕을 참느니라

잠언 12장 16절

사랑하는 그녀

The lady who I love is my wife

그렇다

내가 사랑하는 그녀는
내 아내다

자기 아내를 사랑하는 자는 자기를 사랑하는 자니라
He who loves his wife loves himself

에베소서 5장 28절/NIV

위로의 말

교회 장로 목양 밴드에 한 장로님이 글을 올리셨다
이틀 전, 한 학생이 스스로 생을 마감했다고

장로님은 위로 심방차 장례식장을 방문했는데
할 수 있는 위로의 말이 떠오르지 않았다고 한다

세상을 왜 등졌을까?

삶이 얼마나 고달팠으면
그 어린 나이에

나 또한 세상이 싫고 삶이 힘든 시기가 여러 번 있었다
그때마다
살아야 할 이유들이 있었고
살 수 있는 환경이 존재하였기에
힘든 시기를 극복할 수 있었다

만일
살아야 할 이유와
살 수 있는 환경이 사라진다면
세상을 등지고픈 유혹은 누구에게나 생기리라

그 학생도 그러하지 않았을까?

어쩌면, 누군가가
살아야 할 이유를 알려 주었거나
그래도 세상이 살 만한 곳임을 알려 주었다면
그리하진 않았으리라

얼마나 갈망하였을까?
위로의 말 그 한마디를

모든 위로의 하나님이시며
우리의 모든 환난 중에서 우리를 위로하사
우리로 하여금 하나님께 받는 위로로써
모든 환난 중에 있는 자들을 능히 위로하게 하시는 이시로다

고린도후서 1장 3절 4절

항법장치^{Navigation}

비행기 안

밖을 내려다보니
하얀 설원雪原이 끝없이 보였다
어딘지 궁금했다

기내 TV 화면에 나타난 위치를 보면
대략 러시아 어느 지역인 것은 알 수 있었지만
정확한 위치는 알 수 없었다

스튜어디스에게 위치를 물었더니
친절한 스튜어디스는 칵핏Cockpit으로 들어가
현재의 위치와 항로를 비행사로부터 듣고서
나에게 자세히 알려 주었다

방향을 알 수 없는
하늘에서는
항법장치Navigation로 간다고 한다

그러면

인생의 항법장치는?
말씀Bible

관제탑의 수장首長은?
하나님

말씀으로 길을 찾고
하나님께 기도드림으로 교신하며
인생길을 가야겠다

주의 빛과 주의 진리를 보내시어 나를 인도하시고
주의 거룩한 산과 주께서 계시는 곳에 이르게 하소서

시편 43장 3절

고생하는 한국어

로마에 출장 갔을 때
외국인이 많은 쇼핑거리를 걷고 있었다

그때
지나가는 나를 보고 상인이 말했다

뚜깨 르따민오디 뿌르디씨!

이태리어를 원래 모르지만 좀 이상했고
동행했던 현지인도 알아듣지 못했다

상인에게 다가갔다
분명 이태리어도 영어도 아니었다
몇 번을 얘기하는데
웃음이 빵 터졌다

"두 개 사면 오십 프로 디시Discount
두 개를 사면 오십 퍼센트 할인해 줍니다"

상인은 동양인인 나를 보고
한국말로 말한 것이다

누가 상인에게 그 말을 가르쳐 주었을까?

오래전
동티모르를 갔을 때가 생각났다
발리에서 동티모르로 가는 비행기 안에
안내 브로슈어Brochure가 있었다

놀랍게도
그 브로슈어는 한글과 영어로 적혀 있었다

그런데
안전을 위해 구명조끼를 착용하란다
구명조끼인데

한국어가 고생이 많다

어리석음을 버리고 생명을 얻으라

잠언 9장 6절

헤어짐 받아들이기

장례식 때였다
장례의 마지막 순서는
시신을 묘지에 안장하는 것

모두가 슬퍼하였다
절대 고인을 떠나지 않으려는 듯
고인을 향해 손을 뻗어
모두 울부짖었다

그러나
장례식 후 묘지 곁에 남은 사람은
아무도 없었다

안장되신
고인만 그곳에 남았다

그렇게
헤어짐을 받아들이며 사는 것이
인생인가 보다

한 번 죽는 것은 사람에게 정해진 것이요
그 후에는 심판이 있으리니

히브리서 9장 27절

故 김우수 씨

세상이
나를 버려

세상이
싫었고 그래서

세상에
죄를 지었더니

세상은 나를
비난했다

우연히
알게 된 어려운 아이들

그들이
나인 것 같아 도와주었더니

그 아이들이
연락했다
감사하다고

살면서
처음 들은 인사

감사합니다

눈물이 났다
하염없이 눈물이 났다

이후

하나님이 내게 주신
월 70만 원

어려운 아이들과 함께하니

세상이 따뜻하다

첨언
1957년, 그는 고아로 태어났다. 중국집 배달원으로 받는 월 70만 원으로 많은 어린
이에게 사랑을 전하다가 2011년 9월 25일 배달 도중 교통사고로 사망했다.

그는 공의와 정의를 사랑하심이여
세상에는 여호와의 인자하심이 충만하도다

시편 33편 5절

마음의 열쇠

장모님은
약한 치매를 앓고 계신다
치매를 앓으시며 변하신 것이
고집이다

장모님은
집 밖으로 나가시면 모자를 쓰신다

더운 여름에도
모자를 쓰시는 장모님!
외출하시는 동안은
모자를 절대 벗지 않으신다

누가 설득해도
고집을 꺾을 수 없다

그런데
지난 토요일
장모님이 가시는 주간보호센터를 갔더니
모자를 벗고 계신 것이 아닌가!
놀라워하고 있는데
센터의 한 선생님이 말했다

며칠 전
머리를 손보시느라 모자를 잠시 벗게 되셨는데
그때 센터의 모든 분이 입을 모아 예쁘다고 말씀드렸더니
그 이후로 모자를 벗고 계신다는 것이다

예쁘다는 말
마음을 열게 하는 마음의 열쇠인가 보다

여호와 우리 주여
주의 이름이 온 땅에 어찌 그리 아름다운지요
주의 영광이 하늘을 덮었나이다

시편 8편 1절

학부모는 매니저

수요예배 후
교회 권사님이 차에 동승했다

아내와 권사님은 초등교사이다
그래서인지
차 안은 학교 이야기로 가득했다

권사님은
자신의 고등학교 시절을
잠시 이야기했다

밤새
눈이 함박 내린 겨울
어느 날 아침

등교하려고
현관문을 여니
눈이 소복이 덮힌 마당 중간에
빗자루로 쓸어 만든 작은 길이 있었고
그 길은 찻길의 버스정류장까지
길게 이어져 있었다고 했다

권사님의 어머니께서
권사님이 등교 길에 넘어질까 걱정되어
아침 일찍 만든 길이었다고 했다

그날의 어머니 사랑을
권사님은
지금까지 잊을 수 없다고 한다

그런데
요즘 세간世間에
학부모는 학생들의 매니저manager라는
표현이 있다고 하며 안타까워했다

학부모들의
자녀에게 주는 사랑이
관리managing로 나타나고 있음을
풍자한 표현이라는 것이다

물론
그 관리 또한
필요한 것이며
자녀 사랑의 한 방법이지만

부모가 매니저라는
이 시대의 표현은
왠지 모를
쏩쓸함을 느끼게 한다

매를 아끼는 자는 그의 자식을 미워함이라
자식을 사랑하는 자는 근실히 징계하느니라

잠언 13장 24절

커피 맛?

오늘 저녁
아내가 원두커피를 내려 주었다
커피가루에 따뜻한 물을 붓자
커피향이 주방을 가득 채웠다

많은 사람이 원두커피와 아메리카노를 좋아한다
나도 좋아한다

그런데
원두커피를 좋아하는 사람들은
원두커피가 맛있다고 한다

이상하다
맛은 없는데

난 원두커피의 향과 깔끔함이 좋을 뿐인데

주의 말씀의 맛이 내게 어찌 그리 단지요
내 입에 꿀보다 더 다니이다

시편 119편 103절

전도서 1장 7절

모든 강물은 다 바다로 흐르되
바다를 채우지 못하며

강물은
전도서를 작성한 솔로몬 시대부터 지금까지
바다로 흘러갔고 지금도 흘러간다

엄청난 강물이 바다로 흘러갔건만
바다의 높이는 오르지 못하였다

하나님의 창조 섭리 때문이리라

그런가 보다

최선의 노력에도
내 뜻이 이루어지지 않았던 이유.

하나님의 섭리와 달랐기 때문.

모든 강물은 다 바다로 흐르되
바다를 채우지 못하며

전도서 1장 7절

원하지 않는 더 좋은 것

시련을 겪게 되면
위로의 말을 듣는다

하나님께서
더 좋으신 것을 주시기 위한 연단일 것입니다

어떤 이에겐 위로가 되겠지만
나에겐 위로가 되질 못한다

더 좋은 것을 훗날 받지 않아도 좋으니
현재의 시련은 더 이상 겪고 싶지 않다

나이가 들수록 만족하고 싶다

현실에

아침에 주의 인자하심이 우리를 만족하게 하사
우리를 일생 동안 즐겁고 기쁘게 하소서

시편 90편 14절

꿈Dream

꿈을 꾼다

꿈에는
혼자가 아니다
많은 사람, 동물 등 여러 가지가 등장한다

그 많은 객체客體들의 주체主體는 무엇일까?
나 스스로가 그 많은 객체들의 주체일까?

그렇다면
왜 꿈에서 놀라는 경우가 생길까?

따라서
객체의 주체는 나 스스로가 아니다

그러면
객체의 주체는 누구일까?

어쩌면
꿈이 영靈들의 세계가 아닐까?

수많은 영들이 객체로 꿈에 나타나고
그 영들이 주체가 되어 행동을 하는 것 같다

꿈
이것만으로도 영의 세계를 증명하는 것이 아닐까?

주께서 꿈으로 나를 놀라게 하시고

욥기 7장 14절

사랑 방법 8가지

하나님이 알려주신 사랑 방법

고린도전서 13장
NIV/KJV/BEREAN GREEK BIBLE

1. Love is patient / Charity suffereth long / ἀγάπη μακροθυμεῖ
   사랑하는 사람에게는 오랫동안 인내해야 합니다

2. Love is kind / and is kind / χρηστεύεται
   사랑하는 사람에게는 친절하고 부드럽게 대해야 합니다

3. Love does not envy / charity envieth not / ἀγάπη οὐ ζηλοῖ
   사랑하는 사람을 질투하거나 부러워하면 안 됩니다

4. Love does not boast / charity vaunteth not itself / ἀγάπη οὐ
   περπερεύεται
   사랑하는 사람에게 나를 자랑하면 안 됩니다

5. Love is not proud / is not puffed up / οὐ φυσιοῦται
   사랑하는 사람에게 잘난 체하거나 그를 업신여기면 안 됩니다

6. Love is not rude / Doth not behave itself unseemly / οὐκ ἀσχημονεῖ

   사랑하는 사람에게는 예의를 갖추고 대해야 합니다

7. Love is not self-seeking / seeketh not her own / οὐ ζητεῖ τὰ ἑαυτῆς

   사랑하는 사람에게 나의 이익을 요구하면 안 됩니다

8. Love is not easily angered / is not easily provoked / οὐ παροξύνεται

   사랑하는 사람에게 쉽게 화를 내면 안 됩니다

양파

토요일 저녁
침대에 누워 있는데
아내가 부엌에서 일하는 소리가 들렸다
둘째 딸 생일 준비였다

부엌으로 가니
아내는 기다렸다는 듯
씻어 둔 양파를 냉장고에서 가져오라 했다

양파는
물도 없는 그릇 안에
껍질이 벗겨지고 반으로 잘린 채
차갑고 어두운 냉장고에 보관되어 있었다

그런데
신기하게
꼭지에 파란 새순이 자라고 있었다

대단한 생명력이었다

만일
내가 양파였다면

모든 지킬 만한 것 중에 더욱 네 마음을 지키라
생명의 근원이 이에서 남이니라

잠언 4장 23절

하나님의 위로가 임할 때

극한 슬픔과
괴로움에도
눈에서 눈물이 나지 않고

목 놓아 소리 질러 기도해도
목소리가 나오지 않는

바로 그때

하나님의 위로가 임할 때

돌이키사 나를 위로하소서

시편 71편 21절

있는 그대로

수요예배시간
설교하시는 목사님이
황순원 콩트 「모델」을 이야기했다

미대를 다니는 두 여학생이
길거리에서 모델을 찾고 있었다
자신들이 원하는 인물과 닮은
구렛나루의 허름한 지게꾼을 우연히 만나
다음날 모델이 되어줄 것을 부탁하였다
그런데
그 남자는 모델이 된 사실을 아내에게 자랑하고
다음 날을 위해
목욕재개하고 세면까지 했다는 내용이다

다음의 내용은 없다

하지만
분명 그 남자는 모델이 안 되었을 것이다
학생들은
구렛나루의 허름한 지게꾼의 모습을 원했지
깨끗한 모습의 그를 원한 것이 아니기 때문이다

하나님께서도
있는 그대로의 우리를 원하신다
꾸며진 모습이 아닌

각 사람은 부르심을 받은 그 부르심 그대로 지내라
형제들아 너희는 각각 부르심을 받은 그대로 하나님과 함께 거하라

고린도전서 7장 20절, 24절

기도하겠습니다

하나님을 믿다 보니

어려움을 맞은 사람들을 만나면
'기도하겠습니다'라고
얘기를 많이 한다

그런데
막상
그들과 헤어지면
기도할 내용을 잊는 경우가 많다

하나님을 빙자憑籍한
사랑의 표현을
하나님은 어디까지 받아들이실까?

너는 네 하나님 여호와의 이름을 망령되게 부르지 말라
여호와는 그의 이름을 망령되게 부르는 자를 죄 없다 하지 아니하리라

출애굽기 20장 7절

어디에도/지금 여기 Nowhere/Now here

Nowhere / 어디에도

사람이 살다 보면
앞으로도 뒤로도 좌로도 우로도
갈 길이 없게 되는 때가 있다

그때.
다들 그런다
하늘을 보라고
그러면 하나님께서 도와주실 거라고

그래서
간구한다
하나님께 울부짖으며 간구한다

그럼에도 하나님이 응답하지 않으실 때

흐느끼며
지금 왜 여기에 있는지 알게 된다

Now here / 지금 여기

Nowhere가
Now here로 변할 때

하나님은 길을 열어 주시고
그 길로 인도하신다

사무엘이 돌을 취하여 미스바와 센 사이에 세워 이르되
여호와께서 여기까지 우리를 도우셨다 하고
그 이름을 에벤에셀이라 하니라

사무엘상 7장 12절

딱 한 번

아리마대 사람 요셉

예수님 공생애 당시
로마 시대 존경받는 부자 정치인이었으나
유대인이 두려워 예수님의 제자임을 숨긴 사람

그러던 그가
예수님이 재판을 받을 때
딱 한 번 변화했다

예수님의 제자들이 도망갔음에도
공회원으로써 헤롯의 재판 판결에 반대하고
예수님의 시신을 당돌히 요구하는 사람으로

변화된 그의 행동은

예수님의 부활을
순적하게 했으리라

딱 한 번

나도 올바르고 싶다

아리마대 사람 요셉이 와서 당돌히 빌라도에게 들어가
예수의 시체를 달라 하니 이 사람은 존경받는 공회원이요
하나님의 나라를 기다리는 자라

마가복음 15장 43절

인생

인생은
마치

연습 없이
외줄 위에서
한발로 깡충깡충 뛰며 지나가는
묘기와 같다

떨어진다

모든 사람이 떨어진다
그 외줄 위에서

어떤 이는
팔을 다치고
어떤 이는
중상을 입고
어떤 이는
죽음에 이른다

떨어지지 않은 이가 없고
다치지 않은 이가 없으니

모두가 실패자이지만

팔만 다쳤기에
다리만 다쳤기에
중상과 죽음이 아니기에

우리는
그들을 성공자라 부른다

만국공통

인천공항에서 바이어를 만나 시내로 가고 있었다

바이어가 호텔을 아직 정하지 않았다고 해서
나는 그가 일하기 쉬운 한 지역을 추천하였다

바이어는
자신의 나라에 있는 아내에게
문자를 왓츠앱whats app으로 보냈다
내가 추천한 지역의 한 호텔에서 지낼 것이라고

그런데 잠시 후
바이어는 인상을 찌푸리며 부탁했다
○○호텔로 데려다 달라고

그의 아내가
그 짧은 시간에 인터넷으로
호텔을 정하고 비용까지 지불해 버린 것이다
바이어와 한마디 상의도 없이

그는 얘기했다
세상에서 제일 다루기 어려운 사람이
아내라고

그런데 그의 뒷말이 귓가에 남는다

아내는
자신에게 힘든 사람이지만
평생 함께할 사랑하는 사람이라고

만국 남자에게 공통인가?

여호와 하나님이 이르시되
사람이 혼자 사는 것이 좋지 아니하니
내가 그를 위하여 돕는 배필을 지으니라 하시니라

창세기 2장 18절

도깨비 방망이

언젠가 담임 목사님이 말했다

새벽기도에 잘 나오지 않던 성도가
새벽기도에 나와
간절히 기도하는 모습을 보면
그 성도에게 일이 생겼음을 느낀다고

그런가 보다
사람이 감당하기 어려운 고통은
하나님의 능력을 구하는
기도의 자리로 이끄나 보다

그런데
그 고통이 사라지면
평안이 찾아오고
하나님의 능력에 대한 갈급함은
언제 있었냐는 듯 마음에서 사라진다

찾아온 평안은
마음속 하나님을 몰아낸다

하나님은
도깨비 방망이.
필요한 것을 채워 줘야 하는 방망이.
긴급할 때만 사용하는 방망이.

죄송하다
나의 평안으로 인해
외로우실 하나님께 참 죄송하다

아무것도 염려하지 말고 다만 모든 일에 기도와 간구로,
너희 구할 것을 감사함으로 하나님께 아뢰라
그리하면 모든 지각에 뛰어난 하나님의 평강이 그리스도 예수 안에서
너희 마음과 생각을 지키시리라

빌립보서 4장 6~7절

여행과 인생

기차 안

기차 객실 안에 꽂혀 있는 한 권의 책
그 책 표지의 글귀가 눈에 들어온다

Live to travel Travel to live

여행하듯 / 인생을 살고
인생을 살아가듯 / 여행하라

그러고 싶다

너의 헛된 모든 날,
하나님이 세상에서 너에게 주신 덧없는 모든 날에
너는 너의 사랑하는 아내와 더불어 즐거움을 누려라.
그것은 네가 사는 동안에, 세상에서 애쓴 수고로 받는 몫이다

전도서 9장 9절/새번역

친밀함Intimacy

신앙집회를 간 적이 있다
강사 목사님이 외국 분이셨다

말씀 중
하나님과 우리는 친밀해야 한다고 강조했다

친밀함Intimacy
목사님은 이 단어에
Into see me의 의미가 포함되어 있다고 했다

즉, 나를 들여다보는 것
하나님과 친밀할 수 있는 방법이라는 것이다

정확한 말씀이다

내 안에 임재하신 하나님을 만나는 것.
그분과 친밀할 수 있는 방법이다

여호와의 친밀하심이 그를 경외하는 자들에게 있음이여
그의 언약을 그들에게 보이시리로다

시편 25편 14절

스타워즈

차를 타고 가다 버스광고를 보았다

스타워즈 영화광고였다
정말 오래전에 보았던 영화인데 아직 하다니

그런데
영화광고 사진이 낯설었다
익숙한 배우는 보이지 않고
낯선 배우들이 보였다
괴물 츄바카만 그대로다

과거 배우들은
이미 이 세상에 있지 않거나
나이가 들어 출연하지 못하는 듯하다

세상은 그대로인데
사람만 바뀌어 간다

고려말 충신. 야은 길재의 시가 생각난다

> 오백 년 도읍지를 필마로 돌아드니
> 산천은 의구하되 인걸은 간 데 없네
> 어즈버 태평연월이 꿈이런가 하노라

한 세대는 가고 한 세대는 오되
땅은 영원히 있도다

전도서 1장 4절

흑인 신앙

내가 만난 흑인은 대부분 크리스천이다

이들의 조상은
백인들에 의해
그 많은 고통을 겪었음에도

백인들이 믿었던
그 하나님을
그들은 믿고 있다

어떤 마음이었을까?
그들이 하나님을 믿기까지

그러나 여호와께서는 자기의 이름을 위하여 그들을 구원하셨으니
그의 큰 권능을 만민이 알게 하려 하심이로다

시편 106편 8절

풍성하신 하나님

지난 토요일
친구 부부와 우리 부부는
젓갈을 사러 강경에 갔다

시간의 여유가 있어
군산 어시장에 들렀는데
시장에 전시된 풍성한 물고기를 보며
친구 박종명이 말했다

일부러 키운 것도 아닌데
바다에는 정말 물고기가 많아

그렇다
우리는 손도 대지 않았는데
하나님께서 그 많은 일을 하셨다

그리고 우리는 그냥 수확만 한다

나의 하나님이 그리스도 예수 안에서 영광 가운데
그 풍성한 대로 너희 모든 쓸 것을 채우시리라

빌립보서 4장 19절

감동感動

퇴근 후 아내와 영화를 보았다
제목: 〈그것만이 내 인생〉

자폐아自閉兒의
천부적 피아노 재능에 대한 이야기다

자폐아가 차이코프스키 피아노 협주곡
No.1 Op.23 1. Allegro con spirito 중 일부를
연주하는 장면.

비록, 배우의 연기였지만
그것은
연주를 뛰어넘은
감동! 그 자체였다

음악은 소리로 듣는 예술이고
따라서 귀로만 들어도 감동이 충분하리라 생각했는데
오늘 연주는 눈으로 보며 감동을 받았다

음악은
귀로만 들어 감동을 받는 것이 아니라
눈으로 보고 귀로 들어 감동받는다는 것을

이제야 깨닫는다

눈이 좋지 않은 지금

여호와의 이름을 찬양함은 그가 명령하시므로 지음을 받았음이로다

시편 148편 5절

사랑하고 싶습니다

결혼 전
아내에게 쓴 편지들이
아내를 감동시켜 결혼하게 되었다고
아내는 이야기한다

며칠 전
과거 편지들을 정리하던 중
결혼 전 아내에게 보낸 편지 하나가
발견되었다

평범한 내용이었는데
특이한 문구가 있었다

사랑하고 싶습니다

지금 사랑한다는 표현이 아니라
미래에 사랑을 제대로 해 보고 싶다는 표현이었다

그땐 그랬다
사랑이 무언지 알지 못했고
사랑을 받아 보지도
사랑을 줘 보지도 못한 존재가 나였다

사랑은 너무나 하고픈데
사랑한다고 하기엔
준 사랑이 없으므로 말할 수 없었다

다만
내가 사랑할 대상이 아내임을 알았기에
글로 마음을 전한 것이다
사랑하고 싶다고

결혼 후
부족했지만 사랑하려고 노력했던 것 같다
물론
지금도 그러하고
영원히 그러할 것이다

남편들아 아내 사랑하기를
그리스도께서 교회를 사랑하시고 그 교회를 위하여 자신을 주심 같이 하라
이와 같이 남편들도 자기 아내 사랑하기를
자기 자신과 같이 할지니
자기 아내를 사랑하는 자는 자기를 사랑하는 것이라

에베소서 5장 25절, 28절

무딘^{blunt} 나

무딘 사람

아내가 나를 표현하는 단어다
웬만큼 아프지 않고선 아프다고 얘길 안 하기 때문이다

두 주 전, 주일 오후
노회 체육대회 경기 참가를 위해
선수로 참가하는 교인들과 함께 교회 옆 학교에서 연습을 했다
정확히 말하면 연습하는 분들의 보조로 도와 주었다

연습 중, 운동신경이 부족한 나는 발을 헛디더 넘어졌는데
넘어지며 까진 손바닥만 조금 아플 뿐 다른 곳은 괜찮았다

그날 밤부터 며칠간
가슴 통증이 생겼지만 견딜 만하여 참고 지냈더니
통증이 없어졌고 일상생활이 가능했다
그런데 며칠 전부터 다시 통증이 느껴졌다

아내의 성화로
퇴근 후 아내와 집 앞에 있는 병원에 갔다
사진을 찍고 결과를 확인한 의사는 나에게 물었다
갈비뼈가 부러졌는데 그동안 통증이 심하지 않았나요?

병원을 나서며 아내는 말했다

무딘 사람

지난밤 꿈을 꾸었다
꿈에서 나는 죄를 지었다
잠에서 깨어 일어나니
꿈이 너무 생생했고 꿈 때문에 화가 났다
죄에 무딘 나의 모습이 꿈에 적나라하게 나타난 것이다

매일 아침 큐티를 하고 저녁에는 가정예배까지 드리건만
욕심 앞에 한순간 무너져 버린 나의 영혼은
꿈에서조차 하나님을 속상하게 했다

발버둥 치며 죄를 짓지 않으려고 노력하건만
죄 앞에 너무 나약한 나를 발견하면 나 자신에게 화가 난다

육신에 대해 무딘 것처럼
죄에 대해서도 나는 무디다

난 무딘 사람.

주여 나를 용서하소서

그러므로 내가 한 법을 깨달았노니
곧 선을 행하기 원하는 나에게 악이 함께 있는 것이로다
내 속사람으로는 하나님의 법을 즐거워하되
내 지체 속에서 한 다른 법이 내 마음의 법과 싸워
내 지체 속에 있는 죄의 법으로 나를 사로잡는 것을 보는도다
오호라 나는 곤고한 사람이로다
이 사망의 몸에서 누가 나를 건져내랴

로마서 7장 21~24절

부부 夫婦

아버님께서 천국 가시기 전
나에게 유언으로 말씀하신 것은
딱 하나였다

엄마를 부탁한다

얼마 전
집안 어른께서 소천하시기 전날
부인에게 하신 말씀은

나 없으면 심심해서 어찌 살려나?

그런가 보다

배우자라는 존재는
헤어질 때 가장 안타까운 존재인가 보다

여호와 하나님이 이르시되 사람이 혼자 사는 것이 좋지 아니하니
내가 그를 위하여 돕는 배필을 지으리라 하시니라

창세기 2장 18절

손등

점심식사 약속한 분을 만나러 갔더니
그분은 자신의 손등을 만지며 보고 있었다

궁금해서 물어보았다
손등을 왜 보세요?

아 옛날 생각이 나서요
어릴 적 할머니께 여쭈었어요
할머니 손등은 왜 쭈글쭈글하세요?
할머니께선 대답 대신 웃으셨는데
지금 내 손을 보니 그러네요

그분께 다시 물었다
젊어지고 싶으세요?

그분은 단호히 대답했다
아뇨!

연세가 드신 분들께 이 질문을 하면
예상외로 많은 분들이
다시 젊어지고 싶지 않다고 대답한다

다들 이유가 조금씩 다르겠지만
살아 온 인생이
쉽지 않았음은 분명해 보인다

그래서
인생을 다시 사는 것이 두려울 수 있으리라

그렇다고
당장 하늘나라 가고 싶으시냐고 물어보면
그렇다고 대답하는 사람은 거의 없다

인생을 다시 사는 것도 두렵지만
인생을 떠나는 것 또한 두려운가 보다

한 세대는 가고 한 세대는 오되 땅은 영원히 있도다

전도서 1장 4절

능력의 근원

오래전 일이다

싱가폴에서 전화가 왔다
한국의 경제상황을 고려하여
우리 회사 싱가폴 지점 여신한도를 축소하겠다는
외국은행의 통지였다

당시
모그룹 계열사 사태가 있었고
이 사태로 인하여
싱가폴에 있는 한국계 기업의 여신한도를
외국은행들이 모두 줄이고 있었다

그런데
내가 다니던 회사는
줄일 수 있는 상황이 아니라
급히 늘려야 하는 긴박한 상황이었다

잠시 고민하다가
부회장님을 찾아갔다
부회장님, 내일 싱가폴 출장을 다녀오겠습니다
알았다며 고개만 끄덕이고 이유는 묻지 않았다

그런데
출장을 가는데 문제가 있었다
전염병 사스SARS 때문이었다
싱가폴에 있는 사람들은
사스로 인해 그 곳을 나오려 하는데
난 들어가려고 했으니
주변 사람들의 만류가 있었던 것이다

그러나
이것저것을 따질 여유가 없었다

다음날 아침 싱가폴에 갔고
공항에서 곧장 RZB은행부터 갔다

그들에게 우리 회사의 사정을 설명하기 위해선
지주회사Holding company와 관련한 법규들을 설명해야 했다
부족한 영어 실력과 관련된 법적 단어 지식이 없어
하나님께 기도하며 회의에 임하고 있었는데
하나님이 지혜를 주셨다
숫자로 설명Accounting하라고

설명이 끝난 뒤
그들은 완벽히 이해했다고 이야기를 했다
그 후 다른 은행들도 그렇게 설명했다

일을 마친 날, 공항으로 가니
한국행 비행기가 결항되어 있었다
사스로 인해 비행 횟수가 축소되었기 때문이었다
결국 며칠을 기다려서 한국으로 돌아올 수 있었다

두 주 정도 지났을 때
싱가폴에 있는 은행들로부터 연락이 왔다
대부분 여신한도를 늘려 주겠다는 반가운 소식이었다

난, 회사의 상사들께 보고를 했다
내가 아주 설명을 잘하여 일이 잘되었다고

그런데
나중에 알게 되었다

그들은 나의 설명 때문에 여신한도를 증액한 것이 아니라
사스가 만연한 싱가폴에
직접 와서 회사 사정을 설명하며 설득한 회사가
우리 회사밖에 없었고 이에 감동하여 증액했다는 것이었다

그랬다
난 내가 똑똑해서 그들을 설득한 줄 알았는데
하나님은 전혀 다른 방법으로 그들을 설득하셨다

난
나의 한계와 하나님의 능력을 몰랐으며
나의 능력의 근원이 어디인지를 몰랐던 것이다

내게 능력 주시는 자 안에서
내가 모든 것을 할 수 있느니라

빌립보서 4장 13절

통증

일반적으로

아프면 병원에 가고
많이 아프면 입원을 한다

그런데
아내는 지난 월요일 밤
아프지 않아서 급히 입원했고
아파야 퇴원을 한다

물론
많이 아프면 퇴원이 어렵지만
적절한 통증이 필요하다고 한다

지난 토요일
아내는 손을 다쳤다

그런데
지난 삼 일간
지혈이 안 되고 통증을 느끼지 못하자
의사는 입원을 급히 처방했다

아플 때
통증 있음이 감사함을
아내의 무통으로 새삼 깨닫는다

그러므로 그가 고통을 주어 그들의 마음을 겸손하게 하셨으니

시편 107편 12절

어디로 가야 하나

직장생활이 너무 힘들어 그만두고 싶을 땐
환경이 안될지라도
사직을 하면 된다

교회의 목사님이 맘에 안 들면
쉽지 않지만
다른 교회로 옮기면 된다

배우자와 마음이 너무 맞지 않아 괴로울 땐
절대 해선 안 되는 것이지만
이혼이라는 제도가 있다

그런데
삶이 너무 힘들어 떠나고 싶을 땐
어디로 가야 하나

너는 두려워하지 말라
내가 너를 구속하였고 내가 너를 지명하여 불렀나니
너는 내 것이라
네가 물 가운데로 지날 때에 내가 너와 함께할 것이라
강을 건널 때에 물이 너를 침몰하지 못할 것이며
네가 불 가운데로 지날 때에 타지도 아니할 것이요
불꽃이 너를 사르지도 못하리니
대저 나는 여호와 네 하나님이요 이스라엘의 거룩한 이요
네 구원자임이라

이사야 43장 1~3절

할아버님들의 전도

대학시절
고향을 갈 때면 주로 고속버스를 이용했지만
가끔씩 서울역에서 기차를 타곤 했다

어느 추운 겨울방학
고향을 가기 위해 서울역에 갔다

차표를 산 후, 승차를 기다리는데
검고 큰 배낭을 둘러메신 할아버님께서
아무런 말씀도 없이 종이 한 장을 주고 가셨다

성경을 삐딱하게 복사한 것이었다
가방에서 종이를 꺼내며
계속 다른 사람들에게 건네는 것으로 봐선
가방 안이 온통 성경을 복사한 종이로 가득 찬 것 같았다
종이를 꺼내기 위해 겨울장갑도 끼지 않은 채

하나님이 얼마나 기뻐하실까?

얼마 전
우리 교회 70대 중반이신 집사님의 말씀을 듣게 되었다
직장을 은퇴하신 후, 전도를 하고 있는데

다가오는 평창올림픽 기간에
전도지를 나눠 주러 평창과 강릉에 가실 계획이라고 하셨다
도와 드리고 싶은 마음이 생겨 방법을 고민을 하다가
아내와 함께 시편 23편을 전도지로 만들어 드렸다

연로하신 할아버님들의
열정적인 전도를
하나님은 얼마나 기뻐하실까!

하나님의 추수를 기대하여 본다

너희는 넉 달이 지나야 추수할 때가 이르겠다 하지 아니하느냐
그러나 나는 너희에게 이르노니
너희 눈을 들어 밭을 보라 희어져 추수하게 되었도다

요한복음 4장 35절

걱정! 해야 하나?

어제는 공휴일이었다

영화를 보았다
아내와 친구 부부랑 함께

제목: 〈리틀 포레스트Little Forest〉

밭일을 하던 주인공이 말한다

걱정 생기듯 잡초가 생기네

그런가 보다

잡초가
매우 빨리
매우 끈질기게
매우 자주 생기듯

걱정이 그렇게 생기나 보다

얼마 전까지 사경死境을 헤매던 분이 있다
그분이 많이 회복되어 2주 전 서울에 왔다

함께 식사하고 걸어가던 중 그분이 얘기했다

내가 쓰러지기 전
회사에 원료 공급이 안 되어
매우 스트레스를 받았습니다
이로 인해 내가 쓰러진 것 같은데
퇴원하여 출근하니
그 문제가 해결되어 있었습니다

그 말을 하며 그분이 웃었다
나도 웃었다

너희는 먼저 그의 나라와 그의 의를 구하라
그리하면 이 모든 것을 너희에게 더하시리라
그러므로 내일 일을 위하여 염려하지 말라
내일 일은 내일이 염려할 것이요
한 날의 괴로움은 그 날로 족하니라

마태복음 6장 33~34절

하나님 얼굴

사람의 눈에
보이지 않는 하나님이시지만
난 그 하나님을 평소 보고 싶어 한다

어제는 강의가 있었다
강의 준비를 전혀 하지 못하고 강의에 임했다

바빴던 이유도 있지만
약 10년 동안 해 온 강의인 데다
불과 며칠 전 강의를 하였기에
마음에 부담이 없었던 것이 주된 이유였다

그런데
강의 시작부터 당황하기 시작했다
강의 내용이 기억나지 않았던 것이다
평소엔 교재와 자료가 없어도
며칠을 할 수 있는 강의 내용인데
어제는 그러할 수 없었다
계속 교재와 자료를 보아야 했다

강의실 분위기가 썰렁했다

분위기를 바꾸려고
강의 중간 중간 여러 이야기를 많이 했다

얼마 전 승진한 이야기
내가 하는 일 이야기
해외 출장 경험 이야기 등
강의 내용인 환위험관리보다
다른 이야기에 더 치중했던 것 같다

모두가 재미있게 들어 주리라 생각을 했는데
결과는 수강생들의 졸음으로 나타났다

강의를 끝내고 회사로 돌아오니
나 스스로의 창피함으로 화가 났다

그런데
잠자리에 들기 전 생각해 보니
강의하며 중요한 발견을 했음을 알 수 있었다

하나님의 얼굴을 발견한 것이다

강의실에 앉아 있던 수강생들의 얼굴이
나를 보시며 실망하시는 하나님의 얼굴이었던 것이다

그랬다

나로 인해 주변 사람이 기뻐하는 얼굴은
하나님의 기뻐하시는 얼굴이고
나로 인해 주변 사람이 슬퍼하는 얼굴은
하나님이 슬퍼하시는 얼굴임을

여호와는 의로우사 의로운 일을 좋아하시나니
정직한 자는 그의 얼굴을 뵈오리로다

시편 11편 5절

이발사 하나님

아내랑
차를 타고 고속도로를 달리고 있는데
멀리 있는 산등성이를 보며 아내가 말했다

하나님은 솜씨 좋은 이발사라고

약 15년 전,
고즈넉한 시골 카페에서
아내랑
산등성이를 바라보며 얘기한 것을
아내가 생각한 것이다

산등성이를 멀리서 보면
심어진 나무의 크기가 거의 비슷해
가지런히 이발을 한 것 같다

그래서
우리 둘은 동의했다

하나님은 솜씨 좋은 이발사

땅의 깊은 곳이 그의 손 안에 있으며
산들의 높은 곳도 그의 것이로다

시편 95편 4절

경험이 주는 지혜

대학시절
많은 학생들처럼 나 또한 도서관을 애용했다
특히 도서관 지하층은
조용하고 외부와 단절되어 있어서 좋았다

어느 날 도서관에서 공부를 하는데 배가 아팠다
견디다 못해 학교병원 응급실에 갔다
담당했던 젊은 의사 선생님은 여러 검사기기로 검사를 하였고
검사 결과들을 보여 주며 나에게 말했다

학생. 아프면 응급실로 다시 와서 나를 찾아요
맹장이 많이 부어 있어요 수술을 해야 합니다

내가 봐도 사진에는 맹장이 부어 있음을 알 수 있었다
알겠다고 하고서 약을 달라고 하자
약은 없으니 공부하다가 아프면 곧장 오라고만 했다
황당했다 지금도 아픈데

하는 수 없이 학교 앞 일심약국에 갔다
나이가 지긋한 약사님은 아픈 증세를 얘기 듣고 말했다

약사: 학생. 가스 차면 방귀를 뀌나요?

나: 아뇨. 도서관에 주로 있어서 잘 뛸 수가 없습니다
약사: 그러면 이 약을 먹어 보고 안 들으면 병원으로 가세요

약국에서 처방한 약을 먹고 도서관으로 향했다
약을 먹어서인지 도서관으로 가는 내내 방귀를 뀌었다
몸속에 가스가 이토록 많이 차 있는 줄 상상도 못했다
방귀를 다 뀌고 나니 배의 통증이 사라졌다
그리고 오랜 시간이 지난 지금까지 괜찮다

좋은 검사기기를 가진 젊은 의사 선생님의 처방과
임상 경험(?)이 많은 연세 드신 약사님이 내린 처방은
판이하게 달랐다
결론은 좋은 검사기기보다 경험이 옳았다

물론
모든 의사 선생님과 약사 선생님에게
이 사례가 적용되는 것이 아님은 분명하다
그러나
살아가면서, 경험은 우리에게 많은 지혜를 준다

지혜가 제일이니 지혜를 얻으라
네가 얻은 모든 것을 가지고 명철을 얻을지니라

잠언 4장 7절

사람의 가치價値

우리나라 도로 위의 차들은
후진국과 달리 대부분 깨끗하다

그런데
운행하는 차들 중
약 10% 이상은
현 시세로 약 300만 원 이하의 차들이다

3,000,000원

사람 5명이 승차하여
눈과 비를 안 맞고
따뜻하게 또는 시원하게
음악을 들으며
시속 60㎞ 속도로 달릴 수 있는
그러한 차를

이 금액으로
누가 만들 수 있을까?

불가능하다

그럼에도
차 가격이 그러하다

사람은 어떠할까?

하나님이 만드신 사람.
육체와 생명 그리고 영혼까지 만들려면
얼마를 투여해야 만들 수 있을까?

세상의 모든 자원을 투여해도
불가능하다

그럼에도 사람들은
서로에게 가치를 매긴다

연봉年俸으로
부富로
학벌로
명예로
그리고 권력으로

그러나
이 모든 것은
살아가기에 편리한 도구일 뿐
사람의 가치를 평가하는 기준이 될 수 없다

사람은
하나님만 만드실 수 있는 무한한 가치를 지닌 존재이며
평가 못 할 저마다의 주관적 내적 가치를 지니고 있기에
하나님 앞에 모두가 평등하고 존귀하다

하나님이
자기 형상 곧 하나님의 형상대로 사람을 창조하시되
남자와 여자를 창조하시고

창세기 1장 27절

파리^{Paris}

파리를 갔을 때다

초행初行이라 모든 것이 낯설었다
드골 공항에서 개선문까지는 리무진 버스를 탔다

그런데
개선문에서 호텔까지는
가는 방법을 알지 못해 택시를 탔다
운전기사는
알지 못하는 불어로 가는 곳을 물었고
나는 영어로 투숙할 호텔로 가자고 했다

삼십 분쯤 지나 호텔에 도착했고
짐을 풀고 있을 때
같은 호텔에서 만나기로 한
홍콩사람에게서 전화가 왔다

개선문에 도착했으니 금방 갈 겁니다

아니라고 했다
택시 타고 삼십 분은 소요되는 거리라고 알려 줬다

그러자 홍콩사람이 말했다
아닙니다 호텔이 보입니다 개선문에서요
걸어 가겠습니다

띵했다
그 운전기사에게 당한(?) 것이다

준비를 철저히 못한 내가 바보스러웠다

너를 위하여 밭에서 준비하고
그 후에 네 집을 세울지니라

잠언 24장 27절

세대世代의 흐름

부고訃告 연락을 받았다
이모부님께서 하늘나라에 가셨다는

어머님을 모시고 아내와 함께 고향에 갔다

장례식장에 도착해서
이모님 및 사촌들과 인사를 나누고 있을 때
장례식장 사무실에서 입관을 한다는 연락이 왔다
모두 안치실로 갔다

나에게 각별히 잘해 주셨던 이모부님이셨기에
슬픔 또한 각별했다
그런데 안치실에 들어가니 내가 모르는 젊은이들이 있었다
상복喪服을 입고서

분명 내가 모르는 이들인데
그들은 격하게 울며 나보다 더 슬퍼했다

알고 보니
이모부님의 손주들이었다

난 30년 전 이미 고향을 떠나 있었고
그들은 그 후 나의 고향에서 태어나
이모부님의 손주로 살아 온 것이다

사라져 버린 30년
돌이켜보니
나에게 너무 짧은 순간이었고
따라서 내 기억엔 그들이 없었다

순간적으로 지나간 긴 세월은
세대世代가 흘러가고 있음을 깨닫게 해 주었다

사랑하는 자들아
주께는 하루가 천 년 같고 천 년이 하루 같다는
이 한 가지를 잊지 말라

베드로후서 3장 8절

첫 책임감

살아가면서
처음 책임감을 느낀 때가 있다

결혼을 하고서였다
어린 나이에 결혼을 하여
결혼생활과 가정에 대한 마음의 준비를 가지지 못한 상태였다

가정을 꾸리고 분가한 첫날 밤
집에서 자려고 누웠다가 다시 일어나게 되었다

대문 및 방문들이 제대로 닫혔는지 확인하기 위해서였다

그때 느꼈다
이젠 내가 책임질 일이구나

단순했지만 살아가면서 느낀 첫 책임감이었다

하나님 여호와께서 명령하신 그 책임을 지키도다

여호수아 22장 3절

아이들 소리

거의 두 달 만인 것 같다

이번 겨울 추운 날씨는
아파트 놀이터에서
아이들 소리를 들을 수 없게 하였다

그런데 오늘
집으로 오는 길에
놀이터에서 아이들 소리가 들렸다
참 반가운 소리였다

아이들 소리는
동네의 유쾌한 행진곡이다

이르시되 진실로 너희에게 이르노니
너희가 돌이켜
어린 아이들과 같이 되지 아니하면 결단코 천국에 들어가지 못하리라

마태복음 18장 3절

호감 가는 사람

난
차에 대해 관심이 많다

비싼 차, 저렴한 차
큰 차, 작은 차
세단, SUV 등

그런데
좋은 차의 기준은 무엇일까?

난
관리가 잘되고 깨끗한 차
라고 정의定義하고 싶다

작은 차
저렴한 차
사고차여도

관리가 잘되고 깨끗하면
관심이 가고 타고 싶어진다

사람도 그러한 것 같다

가진 것이 없고
학력이 부족하고
외모가 잘나지 못해도

스스로를 잘 관리하고
외모가 단정하면

호감 가는 사람이다

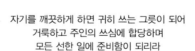

자기를 깨끗하게 하면 귀히 쓰는 그릇이 되어
거룩하고 주인의 쓰심에 합당하며
모든 선한 일에 준비함이 되리라

디모데후서 2장 20~21절 중

어찌되겠지

어찌되겠지

이 표현을 영어로
What's to pay? How then? What happen?
등으로 표현하지만
우리나라 사람이 의미하는 것을
다 포함하지는 못한다

어찌되겠지 의미에는

1. 기대가 있다
   이루질 것에 대한 기대이다
2. 포기가 있다
   내가 할 수 없음에 대한 포기이다

그렇다

비록 내가 어찌할 수 없어 포기하지만
그럼에도 희망을 가지고 미래를 기다리는 상태

'어찌되겠지'의 상태이다

우리나라 사람들은
이 표현을 자주 한다

가정의 미래가
직장의 미래가
교회의 미래가
국가의 미래가 어찌되겠지

표현을 약간 바꾸면 어떨까?

하나님께서 어찌하시겠지!

그러므로 우리가 담대히 말하되
주는 나를 돕는 이시니 내가 무서워하지 아니하겠노라
사람이 내게 어찌하리요 하노라

히브리서 13장 6절

누려야 할 삶

게으른 나는 등산을 좋아하지 않는다
조금 더 정확히 표현하면 싫어한다
힘들기 때문이다

등산을 하는 동안
땀이 나고
숨이 차며
다리가 아프고
허리를 펼 수도 없다
그 상태로 정상까지 가야 한다는 중압감은
등산하는 나를 힘들게 한다

등산하는 내내
빨리 하산하길 바랄 뿐.
다른 어떤 것도 느끼거나 누리지 못한다

인생도
아마 등산과 같으리라

인생의 목표점을 향해 오르는 동안
너무 힘이 든다
무언가를 누린다는 것이 사치로 다가오기도 한다

힘듦이
누릴 수 있는 마음의 여유를 앗아 가기 때문이다

비록 삶의 힘듦을 극복하여
목표한 지점에 겨우 오를지라도
기쁨은 잠시
알지 못할 허무감에 휩싸이는 경우조차 있다

회사에서 등산을 갔을 때
하산하면서 한 임원이 말했다

와 시원하네 바람이 좋구먼

등산할 때 느끼지 못한 바람을
하산하며 느낀 것이다

등산과 달리, 한 번뿐인 인생은 짧다

오르며 누리지 못한 바람을
내려오며 누린다면 너무 억울하다

인생 전체를 누려야 한다

가족과 함께
친구와 함께

성도와 함께
사소한 삶의 행복과 아픔을

우리의 연수가 칠십이요 강건하면 팔십이라도
그 연수의 자랑은 수고와 슬픔뿐이요 신속히 가니 우리가 날아가나이다
우리에게 우리 날 계수함을 가르치사 지혜로운 마음을 얻게 하소서

시편 90편 10절, 12절

내 탓

저녁에 가정예배를 드린 후
가족들과 이런 저런 얘기를 하던 중
큰딸이 말했다

자식을 이기는 부모 없다는데
우리 아빠는
자식도 이기고
할머니도 이겨요

그러자 둘째 딸도 그랬다

맞아
자식도 부모도 다 이기는 분이
우리 아빠야

허탈하다
중요한 것에서 이겨 본 일이 없는데
그래서 현재의 상태가 되었는데
그럼에도

모든 게 내 탓이 되었다
요나처럼

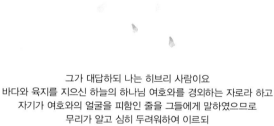

그가 대답하되 나는 히브리 사람이요
바다와 육지를 지으신 하늘의 하나님 여호와를 경외하는 자로라 하고
자기가 여호와의 얼굴을 피함인 줄을 그들에게 말하였으므로
무리가 알고 심히 두려워하여 이르되
네가 어찌하여 그렇게 행하였느냐 하니라

요나 1장 9~10절

미안한데 사랑한다면

생각해 보았다

정말 미안한 사람은
만날 수가 없다

사랑하는 사람은
곁에 두고 영원히 함께하고 싶다

그러면
미안한데 사랑한다면?

나에겐 그런 사람이 있다

아내다

아담이 이르되 이는 내 **뼈** 중의 **뼈**요 살 중의 살이라

창세기 2장 23절

사랑하면

오늘 밤
지인들과 번개팅을
경복궁 근처 서촌에서 했다

저녁식사를 하던 중
오래전 대학시절 일이 생각났다

그날 저녁.
나를 초대한 선배부부가 살던 곳이
서촌 근처였다

어두침침한 주황색 가스등이 켜져 있는
골목길을 걸어 가고 있을 때
멀리서 젊은 남녀가
길을 따라 내려오는 모습이 보였다

처음엔 어두움으로
그들을 알아보기 어려웠는데

조금 가까이 다가가자
남자는 하얀 지팡이를 더듬으며 걷고 있었고
여자는 남자에게 팔짱을 낀 채 걷고 있는 것이 보였다

하얀 지팡이를 짚는 것으로 보아
남자는 시각장애인인 것 같았다

그런데
그들의 얼굴이 나의 시야에 완전히 들어오자
놀라지 않을 수 없었다

여자분 또한 시각장애인이었다

시각장애인인 여자는
자신이 지금 의지하는 남자가
시각장애인임을 분명 알았을 것인데

어떻게
온전히 의지하고 웃으며 걸을 수 있었을까?

사랑. 사랑 때문이었으리라

사랑이 믿음을 만들고
믿음이 평안을 만든다

네가 사랑하는 아내와 함께 즐겁게 살지어다
그것이 네가 평생에 해 아래에서 수고하고 얻은 네 몫이니라

전도서 9장 9절

작지만 큰 일

찻길이 정체되어
정차와 서행을 반복하며 가고 있었다

인도人道에서
목발을 의지한 남성이 음식점 앞에 멈추는 것이 보였다
그는 음식점 문을 열려고 하였지만 어려웠는지 힘겨워했다

그때
그 길을 지나가던 건강한 아저씨.

그를 발견하고는 다가갔다
그러고는 문을 쉽게 아주 쉽게 열어 주었다

음식점에 들어가는 그를 보고서 알았다
그는 다리만 불편한 것이 아니라 팔까지 불편했음을

건강한 아저씨에겐 문을 여는 것이 쉬운 일이었지만
목발에 의지한 그에겐 매우 힘든 일이었다

그런가 보다

누군가에겐 쉬운 것이
다른 누군가에겐
쉽지 않은, 아니, 아주 힘든 것이 될 수 있나 보다

이르시되 내가 진실로 너희에게 이르노니
너희가 여기 내 형제 중에 지극히 작은 자 하나에게 한 것이
곧 내게 한 것이니라

마태복음 25장 40절

미술작품

중학교 시절
미술시간이었다

수채화를 그리는 시간

그런데
스케치부터 마음에 들지 않았다

종이를 버리고
새로 그리고
또 종이를 버리고

그때
옆을 지나가시던 선생님께서 말씀하셨다

작품에 잘못된 그림이란 없단다
그리던 그림을 버리지 말고 수정하며 계속 그려라

지난주 어린이 예배시간
2부 순서로 아이들은 그림을 그렸다
그런데 아이들은 그림을 그리다가
마음에 안 든다고 자주 버렸다

그런데 나도 나이가 들었는지
그 광경을 보며 마음이 안타까웠다
내가 보기엔 괜찮은데

인생을 그림 그리듯 살아갈 수 있다면
아마 많은 사람은 새로 그리고 싶지 않을까?
하나님께서는 뭐라고 하실까?

인생. 새로 그려도 마찬가지란다
지금 그리는 인생그림을 가지고 최선을 다해 마무리하려무나

그는 하나님의 성전을 관리하는 일이나, 율법을 지키는 일이나,
하나님을 섬기는 일이나, 하는 일마다 최선을 다하였으므로, 하는 일마다 잘되었다

역대하 31장 21절/표준새번역

한계 限界

사람들은
아프면
가까운 의원을 간다

계속 아프면
큰 병원을 간다

그래도 아프면
우리나라에서는 가장 좋다는
병원들을 찾아서 간다

나으려고
그래서 살려고

오늘 서울대 병원을 갔다
주차를 하려고 두리번거리는데
내 눈에 들어온 건
장례식장이었다

나으려고
그래서 살려고
서울대 병원을 오는데

죽음을 애도하는 곳
장례식장이 먼저 눈에 들어오다니

하나님께서 행하시는 모든 것은 영원히 있을 것이라
그 위에 더할 수도 없고 그것에서 덜할 수도 없나니
하나님이 이같이 행하심은
사람들이 그의 앞에서 경외하게 하려 하심인 줄을 내가 알았도다

잠언 3장 14절

시편 23편 1절

힘이 들 때 시편 23편을 읽는다

그런데
지난밤 1절을 묵상하면서
약간 마음이 상했다

나는 부족함이 없는 부자이어야 하는데
왜 항상 갈급함에 시달려야 하나?
잘 모르는 원어를 찾아보았다

히브리어: יְהֹוָה רֹעִי לֹא אֶחְסָר / WLC Hebrew OT
영어: The LORD is my shepherd; I shall not want/KJV

하나님은
내가 부족함 없는 부자가 되게 해 주시는 것이 아니라
내가 원할 것이 없게 적절히 주신다는
의미가 아닐까 생각이 든다

겸손하게 하기 위해
하나님만 바라보게 하기 위해
우리의 필요에 따라 적절히 주신다는

The LORD is my shepherd; I shall not want
He maketh me to lie down in green pastures:
he leadeth me beside the still waters

시편 23편 1～2절/KJV

메멘토 모리 Memento Mori

죽는다는 것을 기억하라
메멘토 Memento(remember) 모리 Mori(to die)
고대 로마 시인 詩人, 호라티우스 Quintus Haratius Flaccus 의 격언이다

초등학교 5학년 때였다

당시
할아버님 연세는 73세였는데
할아버님의 기도 내용 중 한 가지가
우리 집안을 시끄럽게 했다고 어머님은 말씀하셨다

하나님 나를 올 가실에 천국 가게 해 주이소
- 하나님 나를 올해 가을 추수 때에 천국 가도록 해 주십시오

그 기도를 계속 들으시다가 참지 못하신 할머님께서
할아버님께 한 말씀하셨다고 한다

가실은 얼마나 바쁜데 그때 돌아가시믄 우짤라꼬요?
- 추수 때는 얼마나 바쁜지 아시면서
  그때 소천하시면 어쩌려고 그러세요?

그 후 할아버님께서는 기도를 바꾸셨다고 한다

하나님 아~들 봄방학 직전에 데려가 주이소
- 하나님 손주 아이들 봄방학 직전에 데려가 주십시오

소천하시기 전 겨울방학 때
할아버님은 도시에 살고 있는 자녀들 집을 방문하셨다
그리고 모든 손주에게 선물을 사 주셨다
어렴풋한 기억으로 나는 장난감 기차를 선물로 받았던 것 같다

소천하시는 날 아침
장손인 형님을 목욕시켜 주신 후
교회 전도사님을 모시고 식사를 대접하셨다고 한다

그리고 방으로 들어가서서
이불에 누우신 뒤 하얀 손수건을 얼굴에 덮으시고
어떠한 외상과 내상도 없이 평안히 소천하셨다고 한다

다음날이 봄방학이었다

할아버님은
예수 믿는다고 집안에서 쫓거나 젊은 시절을 힘들게 사셨고
매일 아침 냇가에서 씻고 예배드린 후 하루를 시작하셨으며
장로로서 후대와 많은 사람들에게 귀감이 되셨다

믿음생활을 하면 신기한 일을 많이 보고 경험하게 되지만
할아버님의 소천에 대한 이야기는 그저 신기할 뿐이다

우리에게 우리 날 계수함을 가르치사
지혜로운 마음을 얻게 하소서

시편 90편 12절

최악이 된 최선

입원했던 아내가
차도가 없어
큰 병원으로 옮겼다

옮긴 병원 의사의 첫 진단

치료가 잘못되었네요
상태가 심각합니다
의료소송을 할 것인가요?

그 말을 들은 나는 참담했다
최선을 다해 치료했다고 생각했는데
나의 최선은 최악이 되고 말았다

병원을 나서며
문득 이런 생각이 들었다

하나님 나라에 갔을 때
나의 인생이 최악이었다고 말씀하시면
난 어떻게 하지?

난 나름 최선을 다했는데

우리가 다 실수가 많으니
만일 말에 실수가 없는 자라면 곧 온전한 사람이라
능히 온 몸도 굴레 씌우리라

야고보서 3장 2절

인도자 하나님

몇 년 전 예수전도단에서 beDTS 교육을 받았다
교육 과정 중 여름 전도 여행에서 있었던 일이다

전체 교육생을 10명씩 나누어 팀으로 구성하였고
나는 강원B팀에 속하여 리더로 섬기게 되었다
우리 팀은 학원장, 초등교사, 은행 직원, 개인 기업 사장,
고시 학원 직원, 전문 경영인, 대기업 직원 3명,
재벌 그룹 2인자로 구성되었다
팀원 대부분이 바쁜 직장인이었기에
10일 간의 휴가는 불가능하리라 예상했지만
막상 일정이 다가오자 모두 휴가를 받았고
함께 출발을 할 수 있게 되었다

우리는 모두
빨강색 티셔츠와 파란 바지를 입고
둥근 챙이 있는 연갈색 모자를 쓰고
커다란 가죽 십자가를 목에 건 채
고속버스를 타고 영월로 갔다

여행 과정에서 지켜야 할 규칙이 있었다
하나님께 먼저 기도하고
하나님의 응답하신 결과에 따라 움직이는 것이었다

영월에 도착한 우리는
숙박할 교회를 정하기 위해 기도를 했다

강원도 지형을 모두가 알고 있어서인지
기도 결과는 다행히(?) 평범했다

큰 산과 큰 강
그리고 작은 돌이 깔린 마당의 느티나무와
교회 내부에 의자가 없다는 것까지 다양했지만
강원도 지형상 충분히 많이 있을 수 있는 교회였다
다행이라 생각하는데
한 자매가 기도응답 말하기를 거부하고 패스Pass하였다
우리는 다시 기도를 했다
모두 처음 기도와 동일한 기도응답이었다
그런데 그 자매는 또 패스하기를 원했다

난 자매에게 응답받은 내용을 말할 것을 강권했고
자매는 포기한 듯 말했다

처음 기도할 때는 교회 앞에 무덤이 두 개가 보였어요
두 번째 기도할 때는 영어로 Tomb(무덤) 글자가 보였어요

모두가 당황스러워했다
교회 앞에 무덤이 있을 리 만무했으며
그것도 한 개가 아니고 두 개나 있다니

믿음이 적은 우리는 근심에 싸여 출발했다

시내버스에 오르자
회계를 맡은 자매와 버스기사의 대화가
또 우리를 당황케 했다

자매: 요금이 얼마예요?
버스기사: 어디로 가세요?
기사의 질문에 자매는 할 말을 잃었다 잠시 후
자매: 죄송하지만, 목적지를 모르고요 다만 교회를 찾아갑니다
순간 정적이 흘렀다
멀쩡하게 생긴 사람들이 십자가를 목에 걸고 버스에 올라
목적지를 모른다고 하니 기사는 얼마나 황당했을까?
버스기사는 잠시 고민하더니 말했다
기사: 그러면 내리실 때 요금을 내세요
일단 위기를 모면하였다

나는 혼자서 묵상기도를 한 후 팀원들에게 말했다

누구라도 마음이 동하시면 내리라고 하세요
그러면 그때 모두 내리는 겁니다

영월역을 지나 큰 산 옆 강을 따라
한적한 2차선 국도를 올라가는데 한 형제가 소리쳤다
내려요!

비 내리는 시골 찻길은 매우 조용했다
나와 정탐을 맡은 형제는 교회를 찾아 출발했고
나머지 팀원들은 간이 정거장에서 우리를 위해 기도를 했다

출발한 지 약 5분쯤 지났을까
우산을 쓴 정탐을 맡은 형제의 눈이 휘둥그레지더니
내 팔을 흔들며 얘기했다

정탐형제: 리더님 리더님, 교, 교회가 보여요
나: 그래요?
정탐형제: 그, 그런데 교회 앞에 무덤이 두, 두 개 보여요

너무 놀란 형제는 말을 더듬었다
우리는 뛰어 갔다

모든 것이 기도한 그대로였다
강과 산, 작은 돌이 깔린 마당, 느티나무, 심지어 두 개의
무덤까지 기도응답대로 나타나자 평안한 마음이 되었다

그런데
교회 안을 들여다보는데 의자가 놓여 있었다
기도응답과 달랐다
실망한 나는 여기가 아니라며 다른 교회를 찾자고 했는데
형제는 교회에 2층이 있다며 가 보자고 했다
그곳엔 의자가 없었다 할렐루야
대한예수교 장로회 통합측 연하교회

우리는 그 교회에서 3일간의 전도 일정을 은혜로이
진행할 수 있었다

그날 이후 9박 10일의 일정은
믿기 어려운 하나님의 세밀하신 인도하심이 계속 있었고
인도하시는 하나님의 뜻에 따라 우리는 움직일 수밖에 없었다

그는 너희보다 먼저 그 길을 가시며
장막 칠 곳을 찾으시고
밤에는 불로, 낮에는 구름으로
너희가 갈 길을 지시하신 자이시니라

신명기 1장 33절

이해할 수 없는 감사

아버님께서 암 진단을 받으신 후
주말이면
고향에 계신 부모님께 내려갔다

아버님께서
소천하시기 약 2주 전 토요일 새벽

잠을 자다가
부스럭거리는 소리에 깨었다

겨울이라
새벽예배 가시려는 아버님께
어머님께서 오리털 파카를 입히시는 소리였다

지난밤 자정이 넘어 도착한 나는
피곤을 뒤로한 채
아버님 어머님과 함께
집에서 가까운 교회로 새벽예배를 드리러 갔다

거리는 가까웠다 하지만
아버님은
조금만 걸어도 구토를 하셨고

그때마다 길가에 앉아서 쉬셔야 했다

그렇게
한참을 걸어 교회에 도착했다

그런데
문제가 또 있었다
예배당이 2층에 있었던 것이다
부축하여 거우 올라가서
아버님을 좌석에 앉혀 드렸다

바로 그때

아버님은
숨을 크게 내쉬면서
말씀하시듯 기도하셨다

주여 감사합니다

도저히 이해가 되지 않았다
어쩌면 이해하고 싶지 않았을지 모른다
죽음을 목전에 두고 무엇이 감사하단 말인가?
그 젊으신 나이에

지금의 나는
당시 아버님의 나이가 되었건만

아직
아버님의 그 감사를
이해하지 못한다

다만, 기도할 뿐

고난당한 것이 내게 유익이라
이로 말미암아 내가 주의 율례들을 배우게 되었나이다

시편 119편 71절

하나님의 시간 속 순간의 존재

출근을 하면서 아내가 나에게 물었다
생일 선물로
시계를 살까? 외투를 살까? 가방을 살까?

난 대답했다
필요 없는 것을 왜 사려고? 지금은 아니야

그랬더니 아내는 또 물었다
다가올 크리스마스 선물로
시계를 살까? 외투를 살까? 가방을 살까?

나는 또 대답했다
그때도 아니야

아내는 지지 않고 물었다
그러면 내년 생일 선물로
시계를 살까? 외투를 살까? 가방을 살까?
.
.
.
끝이 없는 아내의 물음에
난 대답을 달리했다

3050년에 사 주면 받을게

아내가 잠시 생각하더니 말했다
난 그때 없는데

그 순간
아내의 대답은 나의 맘을 혼란스럽게 했다
그러네 아내가 내 곁에 없을 수가 있구나

이 세상에서 나와 영원히 함께할 것 같은 아내가
함께할 수 없게 될 수 있다는 것은
너무 당연한 미래未來의 사실임에도
내 마음이 받아들이기엔
힘들었다

사람이란
하나님의 시간時間 속
순간瞬間의 존재存在인가 보다

어찌하나?

아내의 생일선물 질문에
답을 할 수가 없다

청년이여 네 어린 때를 즐거워하며
네 청년의 날들을 마음에 기뻐하여
마음에 원하는 길들과 네 눈이 보는 대로 행하라
그러나 하나님이 이 모든 일로 말미암아 너를 심판하실 줄 알라

전도서 11장 9절

집중集中

최근
나에게 작은 습관이 생겼다

잠시 그리고 자주
눈을 감는 것

얼마 전
병원에서 나의 눈目에 대한
진단을 받은 후 생긴 습관이다

눈을 감으면
소리가 들린다

눈을 감으면
소리로 주위의 상황을 판단하려 하지만
들려오는 많은 소리는
판단을 어렵게 한다

그때
필요한 건 집중이다

들려오는 하나의 소리에 집중하면

주위의 상황을 조금씩 알게 된다

그러하다
사람은
많은 것을 보고 많은 것을 듣지만
하나에 집중할 필요가 있다

특히
신앙을 가진 자에겐
보는 것Seeing보다 들음Hearing에
집중할 필요가 있다

나를 향한
하나님의 말씀을 들어야 한다

내가 듣기를
하나님은 너무 원하시지만
세상에서 들려오는 너무 많은 소리에
난 그 말씀을 듣지 못한다

지금도
애타게 말씀하고 계실 하나님

집중하여 그 말씀을 들어야겠다

그러므로 믿음은 들음에서 나며
들음은 그리스도의 말씀으로 말미암았느니라

로마서 10장 17절

오해 誤解

대학시절
보조선생의 자격으로
주일학교 고등부 수련회를 간 일이 있다

그날.
외부에서 일을 보고
강의장 안으로 들어가니
한 학생 앞에 찢어진 종이가 있었다
평소 장난기가 있는 학생이어서
그것을 보는 순간 화가 났다

넌 도대체 왜 이러니?

그런데 그 학생은
나의 행동에 어떤 반응도 없이 나가 버렸다

이 광경을 본 선생님이 나에게 말했다
그 종이에 자신의 잘못을 적고
회개 기도한 후, 종이를 찢는 시간이라고

그 후의 일은 기억이 나지 않는다
기억하고 싶지 않았기에

나의 기억에서 지워 버린 것 같다

나의 어리석음은
많은 이를 아프게 한다

주여 나를 용서하소서

자기의 마음을 제어하지 아니하는 자는
성읍이 무너지고 성벽이 없는 것과 같으니라

잠언 25장 28절

감사 感謝

외국에서 만든 TV 프로그램에
남성 시각장애인이 출연하고 있었다

아나운서가 질문했다
당신은 무엇을 가장하고 싶은가요?

시각장애인 남성이 대답했다
사랑하는 아내의 얼굴을 딱 한 번 보고 싶습니다
Just one time

아나운서는 시각장애인에게
어떠한 기구를 눈에 착용하도록 했다
그 기구는 놀랍게도 시각장애인의 소망을 들어주었다
옆에 있는 그의 아내를 어렴풋하지만 보게 된 것이다
짧은 시간
그는 아내를 보며 울었다 계속 울었다
얼마나 좋았으면

나는
보지 못할 수도 있다는
진단을 받은 후
매일 아침 감사한다

눈을 뜨면
천장天障을 볼 수 있어서 감사
옆에 자고 있는 아내를 볼 수 있어서 감사
화장실에 혼자 갈 수 있어서 감사
칫솔질을 혼자 할 수 있어서 감사
식사를 스스로 할 수 있어서 감사
식사를 하며 가족을 볼 수 있어서 감사

감사할 것이 너무 많음을, 진단을 받고서야 깨닫게 되었다

주여 이 감사가 평생 지속되길 원합니다

주께서 내게 응답하시고 나의 구원이 되셨으니
내가 주께 감사하리이다

시편 118편 21절

나의 맘을 바꾸시는 하나님

살면서
나에게 가장 힘든 일 중 하나는
나의 마음. 감정을 바꾸는 일이다

지난 주간
마음이 힘들었다

마음이 힘들면
온몸으로 그것을 느낀다

주일까지 그랬다

기도했다
나의 맘에 평안을 달라고

주일 저녁예배를 마치고 오는데
몸의 통증이 사라지고 있음을 느낄 수 있었다
더불어 마음에 평안이 깃듦도

하나님은
내가 바꿀 수 없는 나의 마음과 감정을
바꾸실 수 있는 유일한 분이심을

고백하지 않을 수 없다

감사하다

여호와여 주는 나의 찬송이시오니
나를 고치소서 그리하시면 내가 낫겠나이다
나를 구원하소서 그리하시면 내가 구원을 얻으리이다

예레미야 17장 14절

나는 모릅니다

어느 날
회사 직원이 나에게 말했다
왜 대답마다 대부분 모르겠다고 말씀하세요?

듣고 생각해 보니
나의 대답 중 정말 많은 부분을
모르겠다고 대답한 것이 사실이다

기억력 감소로
지식이 줄어든 게 이유일 수 있지만
나이가 들수록
자신감을 가지지 못함이 주된 이유이리라

세상 일만 모르는 게 아니다
하나님 뜻도 나는 모른다

오늘은 아내와 병원을 갔다

검사도 새로 해 보고
경험이 풍부하신 의사 선생님으로부터
혹시 모를 희망적 의견을 듣기 위함이었다

지난주 검사 결과는
나를 절망 속으로 빠뜨렸다

사실
지난주 금요일 토요일 주일
어떻게 생활을 했는지 알 수가 없다

이번 주에는
그나마 잡고 있었던 정신 줄도 놓았던 것 같다

멀지 않은 미래에 앞을 볼 수 없을 수도 있다는
의사의 말은 나를 참 힘들게 했다

의사의 진단을 듣고 하나님께 기도했다

나에게 무슨 원한이 있으신지
그동안 내가 겪은 고통이면 족하지 않으시냐고
따지고 또 따지며 물었다

50년을 살아 온 나에겐
다른 사람들보다
참 많은 어려움을 겪었고 지금도 고통 중이라 생각했는데

그것도 부족해
시력을 잃을 수 있다는 진단을 나에게 주시다니
너무나 엄청난 충격이었다

다행히
오늘 만난 경험 많은 노년의 의사 선생님은
너무 급격히 악화되면 2년을 생각할 수도 있지만
관리를 잘하면 수십 년을 그대로 살 수 있다고 진단했다
큰 위로였다

병원을 나서며
아내가 나에게 말했다
오래전부터 친한 동료 선생님 아들이
백혈병으로 입원해 있는데 병문안을 가자고

선생님 아들은
초등학교 1, 2학년 시절
아내가 담임을 하며 가르친 학생이라고 했다 지금 27살

동료 선생님 아들이 입원한 병원으로 출발하면서
아내는 동료 선생님께 방문할 것이라고 전화를 드렸다

그런데 동료 선생님과 잠시 통화하던 아내는
울먹이기 시작했고 통화하는 동안 눈물이 마르지 않았다

전화를 끊고 마음을 진정시킨 후
아내는 말을 했다

오늘 임종할 것 같다고

아이의 가족은 성당을 다닌다
신앙이 돈독했던 그 아이는 엄마에게 질문했다고 한다
하나님이 나에게 왜 이러시는가?
하나님이 살아 계시다면 어떻게 이러실 수 있나?

약 7년간의 투병생활을 하며 그 생각만 한 것 같았다

아내의 이야기를 들으니
나는 내가 세상에서 제일 큰 고통을 받는다고 생각했는데
그 아이의 입장으로 생각하니
나의 고통은 고통이라 말을 할 수 없구나
라는 생각이 들었다

하나님의 뜻은 무엇일까?

난 살면서
죄를 많이 지었다
그러하기에 하나님이 내리신 죄에 대한 벌이라고
생각할 수 있지만 그 아이는 죄를 지을 시간조차 없었는데

모르겠다
정말 하나님의 뜻은 모르겠다

병원을 방문했을 때
아이 어머님의 요청으로 기도를 하였다
나도 모르게 눈물이 쏟아졌다

숨을 헐떡이며 몸을 가누지 못하는 그 아이를 바라보며
난 하나님의 뜻을 물었다

그러나
침묵하시는 하나님의 뜻을
난 알 수 없었다

그럼에도
분명한 것은
하나님이 살아 계시다는 것이다

이것을 알기에
하나님의 뜻은 하나님께 맡길 수밖에 없다

그래서 난 기다릴 것이다
천국 가면 자연히 알게 되리라

고통 중에 하나님의 뜻을 알 수는 없지만
기다릴 수 있는 믿음은 꼭 필요하다

그 온전한 믿음을 하나님께서 원하시나 보다

병원을 나선 후 얼마 되지 않아
아이의 엄마에게서 전화가 왔다

아이가 하늘나라에 갔다고

이것이 내게서 떠나가게 하기 위하여 내가 세 번 주께 간구하였더니
나에게 이르시기를 내 은혜가 네게 족하도다
이는 내 능력이 약한 데서 온전하여짐이라 하신지라

고린도후서 12장 8~9절

아이의 울음

예배 시간이었다

어디선가 갑자기 아이의 울음소리가 들렸다
놀란 아이의 엄마는 아이를 안고 예배당을 빠져나갔다

아이는 크게 소리 내어 울었다
눈물을 흘리며 울었다
울고 싶은 만큼 마음껏 울었다

나도 울고 싶다
아이처럼

나의 유리함을 주께서 계수하셨사오니
Record my lament
나의 눈물을 주의 병에 담으소서
list my tears on your scroll
이것이 주의 책에 기록되지 아니하였나이까
are they not in your record?

시편 56편 8절

삼위일체^{Trinity}

헬라어 성경과 King James version 성경은
삼위일체에 대하여
New International Version 성경과 개역개정 성경에 비해
자세하고 정확하게 기술하고 있다

요한일서 5장 7절 말씀을 예로 들면 이렇다.

첫 번째, 헬라어 성경 Stephanus Textus Receptus 1550은
아래와 같이 쓰고 있다.

ὅτι τρεῖς εἰσιν οἱ μαρτυροῦντες εν τῷ οὐρανῷ
ὁ πατήρ ὁ λόγος καὶ τὸ Ἅγιον Πνεῦμα
καὶ οὗτοι οἱ τρεῖς ἕν εἰσι

이를 영어로 번역하면 아래와 같고

For there are three bearing testimony in heaven
the Father the Word and the Holy Spirit
and these three are one

한글로 번역하면 아래와 같다.

하늘에서 증언하는 이가 셋이 있으니
아버지와 말씀과 그리고 성령인데
이 셋은 하나이니라

두 번째, 영어 King James version 성경은
이 말씀을 아래와 같이 말하고 있다.

For there are three
that bear record in heaven,
the Father, the Word, and the Holy Ghost:
and these three are one

이것을 한글로 번역하면(KJV 흠정역) 다음과 같다.

하늘에 증언하는 세 분이 계시니
곧 아버지와 말씀과 성령님이시라
또 이 세 분은 하나이시니라

세 번째, 영어 New International version NIV
성경에서는 이 구절을 다음과 같이 표현하고 있다.

For there are three that testify

이것을 한글로 번역하면 아래와 같다.

증언하는 이가 셋 있습니다

마지막으로, 한글 개역개정판 성경은 이 말을 이렇게 썼다.

증언하는 이가 셋이니

쉬움과 기다림

쉽게 할 수 있다는 것은 참 좋다

문명의 발달로
삶의 많은 부분을
쉽게 할 수 있게 되었다

스마트폰.
사랑하는 사람과
언제 어디서든
쉽게 목소리를 듣게 하고
쉽게 얼굴을 볼 수 있게 해 준다
참 좋다

그러나

편리함은
애틋한 기다림의 마음을 잃게 했다

사랑하는 사람을 기다리고
그로 인해 기대하는 시간을 갖는다면
그 또한 행복이 아닐까

기다리는 자들에게나 구하는 영혼들에게 여호와는 선하시도다
사람이 여호와의 구원을 바라고 잠잠히 기다림이 좋도다

예레미야애가 3장 25~26절

행함Doing 그리고 존재함Being

김지철 목사님은 가끔
행함Doing과 존재함Being에 관한 말씀을 전하신다

사람은 자신의 행함 즉, 업적을 자랑하지만
하나님 앞에 서면 자랑할 것이 못된다
따라서 행함보다 하나님 앞에 존재함이 더 중요하다

돈, 명예, 권력이 없을지라도
하나님은 우리 모습 그대로를 사랑하시기에
우리는 그분 앞에 존재함으로 있어야 한다

그러할 때
하나님은 우리를 대신하여 직접 행하신다는 말씀이다

너무 공감이 되어 마음에 새겨 본다

말씀을 묵상해 보면(출애굽기 14장 14절)

홍해 앞에 선 이스라엘 백성들은
뒤에 쫓아오는 애굽 군대를 보며 무슨 생각을 했을까?

하나님 앞에 가만히 존재Being하려 했을까?

아니면 스스로 무언가를 행Doing하려 했을까?

갈등하고 있을 그들에게 하나님은 말씀하셨다
오직 가만히 존재하여라 / only to be still / תַּחֲרִישׁוּן׃

그리고 하나님은 이스라엘 백성을 대신하여 싸우셨다

은혜다
나를 대신하여 싸워 주신다고 하셨으니

그러나
인생의 홍해 앞에 서 있는 나는
죽기까지 최선의 행함을 다하고 싶은 마음-Doing과
포기하고 하나님 앞에 가만히 존재하고 싶은 마음-Being
사이에서
깊은 갈등을 여전히 하고 있다

나의 믿음이 연약함을
나는 숨길 수 없다

두려워하지 말라 내가 너와 함께 함이라
놀라지 말라 나는 네 하나님이 됨이라
내가 너를 굳세게 하리라
참으로 너를 도와 주리라
참으로 나의 의로운 오른손으로 너를 붙들리라

이사야 41장 10절

비 오는 날

오늘도 개이지 아니한 날씨입니다

출근길의 시민들 중
우산을 미처 준비하지 못한 분들은
간간히 내리는 비로 인하여
종종걸음으로 재촉하는 모습을 보입니다

비 오는 날

어떤 경우엔 분위기 있고 우아한 기분을 주기도 합니다
그러나 대부분의 경우
마음이 우울해지는 그러한 날이 됩니다

비 오는 날의 비행장은 더욱 그러한 마음이 듭니다

떠나야 하는데
비행기에 탑승하라는 방송은 연신 울려 대는데
이제 출발하노라 전하여 줄 상대도 없이
그냥 하릴없이 핸드폰만 만지작거립니다

라운지Lounge 밖
활주로에 내리는 조용한 비는

홀로 앉아 있는 나에게
많은 생각을 가져다 줍니다

그러나
그 많은 생각에도 불구하고
아무런 결론을 내리지 못한 채
비행기에 오릅니다

비행기 안
창가에 앉아 밖을 보면
비를 맞으며 물건을 나르는 분들과
비행기 출발을 위해 준비하는 몇몇 분들이 보입니다
그러나 그분들의 움직임을 제외하면
비행기 밖은 너무나 조용합니다

비행기가 출발합니다
거대한 비행기는 꾸역꾸역 활주로를 박차고 올라갑니다
활주로가 어느덧 조그마한 마당처럼 보이고
너무나 조용히 나를 마중하고 있지요

비행기가 조금 더 올라가면
창문 밖은 구름이 나를 덮습니다
아무것도 보이지 않습니다

그러나
구름을 벗어나면

새로운 세상이 보입니다

푸르디푸른 하늘과
한없이 넓게 펼쳐진 하얀 솜사탕 구름은
천국을 연상하게 합니다

며칠 전
누군가 나에게 질문을 하였습니다

천국은 어디에 있을까?
그땐 선뜻 대답을 하지 못하였습니다

지금 생각하여 보니
천국은 멀리 있지 않은 것 같습니다.

온 세상이 먹구름과 비로 뒤덮여 있을지라도
비행기 타고 잠시만 올라가면 새로운 세상이 있듯

천국 또한
우리의 시선 안에 있는 이 세상과는
별로 멀리 있지 않음을 생각하여 봅니다

나의 영혼아 잠잠히 하나님만 바라라
무릇 나의 소망이 그로부터 나오는도다

시편 62편 5절

마음의 평화

출장에서 돌아오며
은행에서 제공하는 차를 타고 공항으로 가는 길이었다

그 나라는
몇십 년 만에 발생한 폭염과 폭우로 힘들어하고 있었다
수시로 내리는 폭우로 인해
길가의 차들은 서로 뒤엉켜 도로가 엉망이었다

이런 환경이면 운전할 때 긴장이 된다
그런데 그날 운전하시는 분은 전혀 그러하지 않았다

일반도로에서의 침착함은
고속도로에 접어들자 더욱 돋보였다

출장 중
힘든 문제의 부각浮刻으로 마음이 어려웠는데
그분의 침착한 운전은
나의 얼굴에 미소를 머금게 하였다

마음의 평화

나를 넘어
타인에게 전염되는 행복 바이러스인가 보다

평안을 너희에게 끼치노니 곧 나의 평안을 너희에게 주노라

요한복음 14장 27절

기도응답 아니 하시는 하나님의 변辯

사람들은 그런다
하나님은 우리 기도에 응답을 잘 안 하신다고

그런데 말씀을 보니
하나님의 마음이 조금 이해될 듯하다

이사야 1장

[첫 번째 변]
내가 자식을 양육하였거늘
그들이 나를 거역하였도다

[두 번째 변]
소는 그 임자를 알고
나귀는 그 주인의 구유를 알건마는
이스라엘은 알지 못하고
나의 백성은 깨닫지 못하는도다

[세 번째 변]
슬프다 범죄한 나라요

[네 번째 변]
허물 진 백성이요

[다섯 번째 변]
행악의 종자요

[여섯 번째 변]
행위가 부패한 자식이로다

[일곱 번째 변]
그들이 나 여호와를 버리며

[여덟 번째 변]
이스라엘의 거룩하신 이를 만홀히 여겨
멀리하고 물러갔도다

너희가 손을 펼 때에
내가 내 눈을 너희에게서 가리고
너희가 많이 기도할지라도
내가 듣지 아니하리니

[아홉 번째 변]
이는 너희의 손에 피가 가득함이라

대학원 입학시험

박군 대학원 시험이나 보게

나를 일본의 한 장학재단에 장학생으로 추천해 주신
윤 교수님께서 장학생 선발에서 떨어진 당일,
나에게 권하신 말씀이셨다

그런데 난 대학원에 지원할 실력이 안되었다
수학과 영어 때문이었다

학부시절 공부를 열심히 했었다
그러나 노력을 해도 되지 않는 것은 수학과 영어였다
모교는 수학을 근간으로 경제학의 많은 부분을 설명하였기에
수학을 못 하는 나에겐 참으로 힘든 과정이었다
특히 대학원 입시 과목인 계량경제학은 포기 수준이었다

그러한 나의 상황을 잘 알지 못하신 교수님은
대학원이나(?) 가라고 말씀하신 것이다

교수님께 얼떨결에 대답하였다
네 알겠습니다

연구실을 나오며 기도를 했다.

하나님 제가 대학원을 입학하면 하나님이 도우신 증거입니다

시험이 다가올 무렵 학생들 사이에 소문이 들렸다
계량경제학 시험을 유 교수님이 출제하신다는 것이다
학부시절 유 교수님은 기초 내용 중에서
쉽게 출제하는 분이셨다
게다가 이번 시험은 과거 시험 족보에서 나온다는
소문까지 들렸다

계량경제학이 아닌 다른 과목은 어느 정도 공부를 하였기에
나에게 다시 안 올 기회라는 생각으로 응시하였다

대학원 시험 날

첫째 시간. 미시경제학. 내가 생각해도 잘 치른 것 같다.
Perfect
둘째 시간. 거시경제학. 내 실력이 여지없이 나타났다.
Perfect
그런데
셋째 시간. 계량경제학. 시험지를 받아 본 순간
까무러치게 놀라고 말았다
유 교수님의 출제가 아니었음을 한눈에 알 수 있었다
시험지 아래 부분에 죄송합니다라고 적고 시험장을 나왔다

시험장을 나와 복도에 학생들이 모인 곳으로 갔더니
거의 모든 학생들이 백지를 제출했다고 했다

나중에 알게 되었다
유 교수님이 갑작스런 출장으로 해외에 가시게 되어
부임한 지 얼마 되지 않으신 서 교수님이 출제한 것이다

결국, 전공 총 3과목 시험 중
계량경제학이 아닌 다른 두 과목에서 당락이 결정되게 되었다
속으로 마음껏 웃었다

나의 힘이 되신 여호와여 내가 주를 영원히 사랑하나이다

점심시간 후, 영어 시험에 임했다
영어 시험은 객관식 50문항 그리고 장문의 독해가 있었다
객관식 문제를 풀고 나니 1시간이 지났다
남은 1시간으로 독해를 하기에는 부족한 시간이었다

그때 감독하시는 교수님의 말씀이 들렸다.
이제 30분 남았으니 대충 정리하세요

그 말에 너무 놀란 나는 교수님께 여쭈어 보았다
교수님 시험 시간이 두 시간 아닌가요?

감독 교수님은 외계인을 쳐다보듯 나를 보시고
대답도 하지 않으셨다

문제를 급히 훑어보았다
철학과 교수님이 제출하신 것 같았다

철학 내용이었는데 모르는 단어가 많았고 문장도 어려웠다
번역을 안 하고 옮겨 적기만 해도
30분 이상 소요될 긴 문장이었다
그 순간, 펜을 손에서 놓았다 시험에 임할 수 없었다

기도했다
하나님, 도와 주십시오

얼마동안 기도했을까? 등에 땀이 고여 있음이 느껴졌다
눈을 뜨고 시험지를 보는 순간 또 한 번 놀라지 않을 수 없었다
독해해야 할 영어 문장이 거의 한글로 보였다
독해가 끝나자마자
교수님은 나의 시험지와 답지를 수거하여 가셨다

며칠 후, 나의 합격을 알게 되었다

아 하나님께서는 이렇게도 도우시는구나
만일 합격하면 살아 계신 하나님이 도우신 증거라고 했는데
정말 그러했다

살아 계신 하나님께 감사드린다

내가 산을 향하여 눈을 들리라 나의 도움이 어디서 올까
나의 도움은 천지를 지으신 여호와에게서로다

시편 121편 1~2절

하나님의 뜻, 예수님의 뜻

예수님은
육신을 입고 인간으로 이 땅에 오셨다
인간으로 친히 겪을
죽음. 십자가의 고통을 아시기에
피할 수 있다면
피하기를 원하셨다

하나님은
예수님의
십자가의 고통과 죽음
그리고 그분의 부활을 통해
인류를 구원하시기를 원하셨다

달랐다. 두 분의 뜻은

성자 예수님은
성부 하나님께
간절히 기도하셨다
피할 수 있다면 그리해 달라고

그러나
성자 예수님의

결론은
성부 하나님의 뜻에 대한
순종이셨다

순종의 삶을 기대하며

이르시되 아빠 아버지여
아버지께는 모든 것이 가능하오니
이 잔을 내게서 옮기시옵소서
그러나
나의 원대로 마옵시고
아버지의 원대로 하옵소서

마가복음 14장 36절

실패 간증자 예수

주일 오후
장로님 몇 분과 얘기하던 중 유명한 의사이신 장로님이 말했다

하나님의 은혜로 병 나음을 입은 분은
다른 환자들 앞에서 간증하는 것을 조심했으면 좋겠습니다
이유는 병 나음을 받지 못한 분들이 훨씬 많기 때문이지요

맞는 말씀이라 생각이 들었다
성도들은 (성공한) 간증干證, Testimony을 좋아한다

간증이란 말의 사전적 뜻은
예수교인이 자신이 지은 죄를 고백하며 증명함이다
이 뜻이 현대에 와서 수정이 되었다
자신의 종교적 (성공) 체험을 고백함으로써
하나님의 존재를 증언하는 일로

살아 보면
성공한 체험보다 실패한 체험이 훨씬 많음을 깨닫는다
그런데 실패한 체험은 왜 간증하지 않을까?

인간적 측면만 고려하면
대표적 인생 실패 사례는 예수님이다

예수님은
세상에서 사람들을 진심으로 사랑하시고 돌보셨다
그런데 사랑했던 그 사람들로부터
배신과 조롱, 수모로 정신적 고통을 겪으셨고
채찍, 가시관, 창, 대못으로
육체의 지극한 고통을 받으셔야 했다
그리고 외로이 십자가에서

죽으셨다

이것이 예수님의 공생애 마지막 모습이다
실패자

세상 사람들은 실패한 경험을 많이 가지고 있다
그러한 실패들은
하나님의 마음을 오해하도록 사탄이 유혹한다
난 하나님으로부터 버림받았어
하나님은 날 사랑하지 않으시는 것이 분명해

아니다!

예수님의 삶을 묵상하면 알 수 있다
눈으로 보이는 예수님의 인간적 실패는
눈으로 보이지 않는 우리의 영원한 구원을 위함이셨다

예수님의 인간적 실패가 없었다면
우리는 어찌되었을까?

우리는
예수님께서 세상에서 보이신 삶을 묵상하며
성공한 간증뿐 아니라
실패한 간증을 가지고도 하나님께 영광을 올려야 한다

내가 세상 끝날까지 너희와 항상 함께 있으리라

마태복음 28장 20절

쌈닭

나에겐 멘토가 있다
김장진 장로님
그분은
과거 직장상사로 만나
지금까지 업무적으로 신앙적으로
나를 올바르게 이끌어 주신다

그런데
그분이 과거 나를 불렀던 호칭은 쌈닭(싸우는 닭)이었다

직장에서 업무상 사람들과 싸울(?) 일이 많았고
그때마다 나의 논리는 정확하고 명쾌했기에
대부분의 싸움은 나의 위대한(?) 승리로 막을 내렸다

그런데
일 처리를 잘했다고 칭찬해야 할 그분은
오히려 그때마다
나를 보며 꾸중을 했고 쌈닭이라 불렀다

따졌다
무슨 이유로 그리 생각하시냐고
내가 뭘 잘못했냐고

답답하게도
그분은 지금까지 나의 물음에 대답을 하지 않고 있다

그런데
이십 년이 지난 지금에야
그분이 그렇게 말한 이유를 조금 알 것 같다

당시, 나에겐
상대를 이해하려는 마음과 배려가 없었다
오로지 나에겐 나의 입장만 있을 뿐이었다

그러했기에
밖으로 드러난
객관적 기준만 가지고 나를 위해 주장했을 뿐
밖으로 드러나지 않은
상대방의 처한 상황과 그러할 수밖에 없었던 이유를
알려고 하지도 않았고 알고 싶지도 않았다
그저 난 싸움에서 승리하면 되었다

그러니
너무 많은 사람이 나에게 상처를 받았고
심지어 그들 중 일부는 회사를 떠나갔다

함께하면
더 좋았을 것을
나만의 자랑과 명예 그리고 승진을 위해

나는 그들과 함께함보다 나만의 온전한 승리를 택했다

지금에야 후회하지만
시간은 돌이킬 수 없는 것

기도로 용서를 구해 본다

주 여호와의 영이 내게 내리셨으니
나를 보내사 마음이 상한 자를 고치며
모든 슬픈 자를 위로하되

이사야 61장 1절, 2절 중

우리 집이 세상에서 제일 부자야!

우리 집 아이들이 어린 시절
둘째 딸이 나에게 당황스런 질문을 한 적이 있다

아빠 우리 집은 부자富者야?

순간, 대답을 할 수 없었다
부자가 아닌데 부자라고 하면 거짓말이 되고
부자가 아니라고 하면
아이가 실망을 할 것이니 부자가 아니라고도 할 수 없었다
잠시 고민 후 대답을 명쾌하게 했다

그래 우리 집은 부자야!

반가운 듯 둘째 딸이 또 물었다
우리 집이 왜 부자야? 뭐가 있어?

난 대답 대신 질문을 했다
내가 너를 세상의 무엇과 바꿀 수 있을까?

갑작스런 나의 질문에
둘째 딸은 대답을 하지 못하고 주저했다

대답하길 어려워하는 딸에게 말했다
세상 사람들이 세상의 모든 것을 아빠에게 준다고 해도
나는 너를 그것과 바꿀 수 없단다
너가 세상의 모든 것보다 더 중요하고 가치가 있기 때문이지
그러니 우리 집이 세상에서 제일 부자야!

네 집 안방에 있는 네 아내는 결실한 포도나무 같으며
네 식탁에 둘러앉은 자식들은 어린 감람나무 같으리로다

시편 128편 3절

희망을 가질 힘

살다 보면

사람들은
행복한 시기도 지나지만
어려운 시기 또한 지나게 된다

흔히들
삶의 어려운 문제 대부분은
시간이 해결해 준다고 하지만

사람들은
이 문제들을 해결하고자
최선을 다해 노력한다

그런데
노력할 엄두조차 낼 수 없는 사람들이 있다

이들은
삶의 마지노선Ligne Maginot에서
위태로이 서 있는 자들이다

그들에겐
스쳐 지나가는 바람조차
견딜 힘이 전혀 없다

오직
하나님의 긍휼矜恤하심만
바랄 뿐

주여

이들에게
희망을 가질 힘을 주소서

주의 손으로 나를 도우사 나로 환란을 벗어나
내게 근심이 없게 하옵소서

역대상 4장 10절

사랑이란 이름의 중독

최근, 토머스 화이트 맨, 랜디 피터슨 공저
『사랑이라는 이름의 중독』을 읽고 있다

내용 중 한 글귀이다

> 이성을 잃을 정도로 강한 흡인력
> 이런 사랑은 상처를 남긴다
> 사람을 완전히 소진시켜 버린다
> 강한 흡인력을 발하는 사람을 만나면,
> 어떤 고통이 있어도 그에게 매달려 있어야 할 것 같은 느낌이 든다
> 그래서 가망이 없고 건강하지도 않은 관계를 지속하기 위해
> 다른 모든 관계를 희생시킨다 심지어 자기 삶도 내팽개친다
>
> 사람들이 이토록 비이성적으로 행동하는 이유는
> 관계에서 받는 고통보다
> 혼자 남겨질지도 모른다는 두려움이 크기 때문이다

그러하다
비록 관계Relationship의 고통을 감내할지라도
홀로 남겨질 두려움을 피하고 싶은 것이 사람의 마음이다

하지만
이 마음에는 배제된 것이 있다
하나님

나를 홀로 남겨두지 않으실 하나님이 계신데
그분이 나의 마음에서 배제되어 있으니
관계를 고통으로 몰아간다

마음속 공허함이 하나님으로 채워질 때
홀로 됨의 두려움이 사라지고
관계를 이해理解의 눈으로 바라볼 수 있다

세상 끝 날까지 너희와 항상 함께 있으리라

마태복음 28장 20절

일흔 넘으신 젊은 집사님

약 10년 전
해외 의료 선교지에서 알게 된
일흔이 넘은 젊은(?) 집사님이 계시다

그분은
특이하다
자신의 삶에 대한 걱정보다
타인의 어려운 삶에 걱정이 더 많다

그러다 보니
그분의 사무실에는
어려운 이들을 위한
의약품과 생활용품이 한가득이다

풍요하지 않은 자신을 탓하지 않고
나눔을 꿈꾸며 실천하는 그분은
진정 이 시대의 젊은 청년이다

지금도
고아들의
영혼 구원과 삶의 영위를 위해
기도하며 캄보디아를 오가신다

그분이 꾸는 그 꿈을
나도 꾸고 싶다

구제를 좋아하는 자는 풍족하여질 것이요
남을 윤택하게 하는 자는 자기도 윤택하여지리라

잠언 11장 25절

황당한 예수님의 일상생활

회사에 취직하여
받은 월급으로
한 가정을 꾸리는 것.
힘든 일이다

회사를 세워서
직원들과 직원들 식구까지
함께 먹고살게 하는 것.
정말 쉽지 않은 일이다

그런데
직업도 일거리도 없었던 예수님은
직원(?) 12명을 거느리시며
어떻게 그들을 먹이고 재우고 입히셨을까?
일상생활에서

예수님의
인류 구원 사역인
십자가 상의 죽음과 부활이
가장 위대한 사역임은 의심할 바 없지만

그것을 제외한다면
일상의 생활이 위대한 사역이 아니실까?

마태복음 17장 27절에
예수님과 제자들의 일상생활 하나가 기록되어 있다

그들이 실족하지 않게 하기 위하여
네가 바다에 가서 낚시를 던져
먼저 오르는 고기를 가져 입을 열면
돈 한 세겔을 얻을 것이니
가져다가 나와 너를 위하여 주라

이 말씀에 의하면
일상생활에 돈이 필요하다는 제자들의 요청에
예수님은 황당한 해결방법을 지시하셨고
제자들은 어떠한 의심도 없이 주저하지 않고 순종하였다

예수님의 황당한 지시와
제자들의 의심 없는 순종을 보면
그것은 일상의 생활이었음이 분명하다

따라서
예수님께서 제자들에게 베푸신 일상생활은
정말 위대한 사역이다

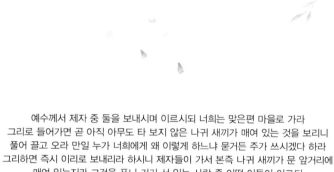

예수께서 제자 중 둘을 보내시며 이르시되 너희는 맞은편 마을로 가라
그리로 들어가면 곧 아직 아무도 타 보지 않은 나귀 새끼가 매여 있는 것을 보리니
풀어 끌고 오라 만일 누가 너희에게 왜 이렇게 하느냐 묻거든 주가 쓰시겠다 하라
그리하면 즉시 이리로 보내리라 하시니 제자들이 가서 본즉 나귀 새끼가 문 앞거리에
매여 있는지라 그것을 푸니 거기 서 있는 사람 중 어떤 이들이 이르되
나귀 새끼를 풀어 무엇 하려느냐 하매 제자들이
예수께서 이르신 대로 말한대 이에 허락하는지라

마가복음 11장 2~6절/예수님의 또 다른 일상생활

십자가에 매달린 나

우리 집 거실장 위에 놓인
나무 십자가에는
매달린 사람이 조각되어 있다

매달려 있는 그 사람은
거대한 몸에 비해
걸려 있는 손과 팔이 너무 가늘다
떨어질 것 같다
금방이라도

나다
내가 그렇게 매달려 있다
떨어져 죽을 것 같다
팔이, 온몸이, 후들거린다

주여 지금 도와 주소서

나를 기가 막힐 웅덩이와 수렁에서 끌어올리시고
내 발을 반석 위에 두사 내 걸음을 견고하게 하셨도다

시편 40편 2절

바람 빠진 풍선

늪에 빠지면
무엇이든 잡으려 한다

주위에서 어떤 것을 던지면
던진 것이 무엇이든
늪에 빠진 이에겐 희망이 된다

그런데
붙잡고 보니
그것이 바람 빠진 풍선이면
절망을 넘어선 고통을 느낀다

땅과 늪을 구분하지 못했던
나의 무지無知는
나를 늪으로 빠뜨렸다

오늘도
죽을힘을 다해
나에게 던져진 무언가를 잡았건만
바람 빠진 풍선이었다

'아이를 낳을 때가 되었으나 해산할 힘이 없도다'

말씀처럼
해산의 시기가 된 것 같은데
해산할 힘이 나에게 없다

그런 나에게
누군가 바람 빠진 풍선을 던지도록
허락하시면
마음이 시리도록 아프다

여호와여 내가 주께 피하오니
나를 영원히 부끄럽게 하지 마시고
주의 공의로 나를 건지소서
내게 귀를 기울여 속히 건지시고
내게 견고한 바위와 구원하는 산성이 되소서

시편 31편 1절, 2절

용감한 카페 주인

아내와 저녁 산책 후
아파트 앞 작은 카페를 들렀다
안에선 잔잔한 CCM 음악이 들리고 있었다

분명한 신앙고백이 담겨 있어서
믿지 않는 자들에겐 불편할 수 있는 찬양이었다

카페엔 손님이 적었다
CCM 음악 때문이라고 단정할 순 없지만
영향은 분명 있을 것인데
종업원은 신경 쓰지 않는 것 같았다

나오면서 종업원에게 물었다
CCM을 틀면 손님의 불평이 있지 않은지

종업원이 대답했다
그러할지라도 그대로 두라는
사장님의 확실한 지시사항입니다

요즈음
많은 기독교인이
세상과 적당히 타협하며 사는데

이 작은 카페의 사장님은
대단한 용기를 가진 분이다

네 자손을 하늘의 별과 같이 번성하게 하며
이 모든 땅을 네 자손에게 주리니
네 자손으로 말미암아 천하만민이 복을 받으리라
이는 아브라함이 내 말을 순종하고
내 명령과 내 계명과 내 율례와 내 법도를 지켰음이라

창세기 26장 4~5절

파스텔 톤^{Pastel tone}

아내가 나에게 뜬금없이 말했다

내가
과거엔 원색^{原色}이었는데
지금은 파스텔 톤^{Pastel tone}이라고

아니라고 말했다
내가 변한 게 뭐 있냐고

그런데
아내의 말에 의하면
내가 겪은 많은 어려움이
나의 색을 변화시켰다고 했다

왜 변했을까?

어쩌면
경험에 의한 공감^{共感} 때문이리라

그 공감의 색조가
파스텔 톤인가 보다

고난당하기 전에는 내가 그릇 행하였더니
이제는 주의 말씀을 지키나이다

시편 119편 67절

도우시는 하나님

주일 1부 예배를 드리고 런던의 호텔에 도착한 것은
런던 시간 주일 밤 9시경이었다
덴마크 머스크MAERSK사로부터
선박을 매입하기 위해 출장을 갔다

잠을 청하려 하자
한국에서 전화가 연이어 걸려 왔고
통화를 마무리하니 월요일 아침이 되었다
밤을 꼬박 지새운 나는, 씻고 회의 장소인
HSBC 은행 본점으로 향했다

회의 예정 시간은 오전 8시 30분
먼저 런던에 도착한 직원들과 함께
회의실에서 머스크사 직원들을 기다렸다

사전 협의는 끝나 있었고 서명만 하면 되었기에
그날 밤 출발하는 한국행 비행기 표를 예약해 두었다

그런데
머스크사 직원들은 9시가 넘어서야 회의실에 들어왔고
사전 협의를 무시한 채
선박 대금 원화 약 천억 원 선지급을 요구하였다

그 시간
한국과 싱가폴 그리고 일본의 먼 해상에서는
많은 직원과 관계자들이 나의 서명을 기다리고 있었다
선박 인수 작업 및 송금
그리고 후속 계약을 해야 했기 때문이었다

우리는 그들을 설득하기 시작했다
그러나 그들은 아랑곳하지 않았고 자리까지 자주 비웠으며
시간이 흐를수록 더 거만한 자세로 회의에 임하였다

난 마음속으로 기도를 했다
하나님 어찌하면 됩니까? 나에게 지혜를 주십시오

기도 중 하나님께서 내 마음에 할 말을 알려 주셨다
영어에 능숙하지 못하니
표현을 쉽고 명확하게 할 수밖에 없었다

너네랑 거래 안 해!

그리고 가방을 들고 자리를 나와 버렸다
복도를 걸어 나오는데 누군가가 나를 불렀다
뒤를 돌아보니 머스크사의 변호사였다
본국으로 연락해 보겠다며 15분만 기다려 달라고 했다

짧은 그 시간, 나의 기도는 간절했다
하나님께서 그들의 마음을 바꾸어 달라고

결국, 나는 그 자리에서
서명과 모든 후속 조치까지 완료할 수 있었다

회의를 마무리한 후 피곤했던 나는
런던에 며칠 더 머무르겠다는 직원들을 남겨 두고
식사도 하고 생각도 정리할 겸 템스강으로 갔다

겨울 강변의 차가운 바람은
흥분했던 나의 마음을 가라앉혀 주었다

하나님께서 도우시지 않았다면?
상상하기 어려운 일이다

도우시는 하나님께 감사드린다

너희는 두려워하지 말고 가만히 서서
여호와께서 오늘 너희를 위하여 행하시는 구원을 보라
너희가 오늘 본 애굽 사람을 영원히 다시 보지 아니하리라

출애굽기 14장 13절

넌 교회 다니잖아!

대학시절
중간고사를 치르는 기간이었다

그날 시험시간.
조교가 시험지를 나누어 주고 나간 뒤
감독 조교나 교수님이 들어오질 않았다

주위가 어수선해지며
너도 나도 컨닝Cheating을 하기 시작했다
시험 문제를 확인하니
문제가 쉬웠고 내가 이미 외우고 있는 것이었지만
나 또한
다른 학생들처럼 거리낌 없이(?) 보면서 답안을 작성했다

시험을 마친 후
모두들 컨닝한 것을 자랑스럽게(?) 이야기했고
그 사이에 있던 나도 편하게 말했다
컨닝했다고

그러자 한 복학생 선배가 말했다
넌 교회 다닌다고 하면서 컨닝을 했어?

갑자기 머리를 한 대 맞은 것 같았다
모두가 컨닝을 자랑스럽게 얘기하면서
나에게는 욕을 하다니

그날 밤 고민을 한 후
다음 날 교수님을 찾아가 말씀을 드렸다
교수님 어제 시험시간에 컨닝을 했습니다

교수님은 나의 이름을 물어보고 말씀하셨다
자네는 영점으로 처리할 것이니 그리 알고 돌아가게

어이가 없고 허무했다
컨닝을 안 해도 충분히 잘 치를 수 있었는데
괜히 분위기에 휩싸여 컨닝을 했고
친구들로부터 비난까지 받았으며
점수도 영점을 받았으니

다음 수업 시간
교수님은 수업을 시작하시며
시험을 한 번 더 치르겠다고 말씀하셨다
그리고 중간고사 성적과 새로 치를 시험 성적 중
좋은 성적을 인정하고 나쁜 성적은 버리겠다는 것이었다
은퇴를 얼마 남기지 않으신 노교수님의 배려이셨다

그때 알게 되었다
믿지 않는 사람들은 믿는 사람들에게

더 엄격한 기준의 삶의 잣대를 들이대고 있으며
그 기준에 부합하는 삶을 요구하고 있음을

자녀들아 너희는 하나님께 속하였고
또 그들을 이기었나니
이는 너희 안에 계신 이가 세상에 있는 자보다 크심이라
그들은 세상에 속한 고로 세상에 속한 말을 하매
세상이 그들의 말을 듣느니라

요한일서 4장 4~5절

하나님께 이용당함

아내와 함께 남산에 있는 한 교회에서
예수전도단의 beDTS 교육을 받으며 경험한 일이다

교육의 중요한 과정이 여름 전도 여행이었기에
여름이 다가오자 실습시간을 가지게 되었다

우리 팀은 전도 실습 장소를 기도로 정해야 했다
기도를 하니
어떤 이는 후암동이 기도응답이라 했고
또 다른 이는 남산이 기도응답이라는 등 여러 곳이 제시되었다

그런데 나는 기도를 하며 환상 같은 장면을 보았다
한 아주머니가 길을 가다가 사라지는 장면이었다
나는 그 장면을 설명했지만
구체적 위치를 설명하지 못해 무시하기로 했고
전체 의견의 중간 길인 남산 길을 실습장소로 정했다

우리는 천천히 걸으며 길을 가는 분들에게 전도를 했다
그때, 나는
길을 걸어가는 한 아주머니의 뒷모습을 볼 수 있었다
내가 기도할 때 본 아주머니 뒷모습과 비슷했다

팀원들에게 그 사실을 말하자
모두 그 아주머니를 보았고
그 순간 아주머니는 우리 눈에서 사라졌다
사라진 이유는 간단했다
길옆에 우리 눈에 보이지 않는 계단이 있었고
아주머니는 그 계단으로 내려갔기 때문이었다

모두 그곳을 향해 뛰어 갔고
계단 밑으로 내려가는 아주머니를 볼 수 있었다

모두 나를 보며 말씀을 전하라고 했다
전도의 경험이 없었던 나는 하기 싫었지만
계단 밑 길에서 아주머니께 말씀을 전할 수밖에 없었다

나는 아주머니께 간략히 우리를 소개하고 배운 대로 여쭈었다
나: 오늘 밤 하늘나라 가신다면 천국 가심을 믿으세요?

그런데 아주머니의 대답은 전혀 예상 밖이었다
일반적으로 천국이 없다던가
아니면 천국에 갈 것이라는 답을 하는데
아주머니: 난 천국 못 가요 난 지옥 가요

예상치 못한 대답에
계획된 질문은 잊어버리고 다른 얘기가 이어졌다
나: 아니! 왜요?
아주머니: 돈이 없어서 천국에 못 가요

엥? 돈이 없어서 천국에 못 가다니 이게 무슨 말인가
황당한 나는 다시 물었다
나: 누가 돈 없으면 천국에 못 간다고 그래요?
아주머니: 몇 년 전 우리 아들이 죽었을 때 성당에서 그랬어요
나: 아니에요! 돈이 없어도 천국에 갈 수 있어요!

아주머니는 따지듯 되물었다
아주머니: 돈이 없는데 어떻게 가요?
나: 하나님께서 보내 주신 예수님을 공짜로 믿으시면 돼요!

아주머니는 깜짝 놀라며 물었다
아주머니: 정말요?
나: 네 정말이에요 그리고 성당에서도 그렇게 얘기를 안 했을
   겁니다
   아마 아주머니께서 잘못 들으신 걸 거예요

아주머니의 눈에 눈물이 글썽였다
아주머니: 내가 천국에 갈 수 있다구요?

옆에 있던 아내는
아주머니의 눈물을 손수건으로 닦아 주며 안아 주었다
아주머니는 돌아오는 주일에 교회에 가 봐야겠다고 말했다
우리는 잘 생각하셨다고 위로하며 헤어졌다

생각해 보니
우리는 하나님께 이용당했다
아주머니의 오해를 풀고 구원하시기 위해
하나님은 우리를 이용하신 것이다

그런데
사람에게 이용당하지 않고
하나님께 이용당한 나는
행복했다

하나님께 이용당함
참 행복한 일이다

하나님께서 세상의 미련한 것들을 택하사
지혜 있는 자들을 부끄럽게 하려 하시고
세상의 약한 것들을 택하사
강한 것들을 부끄럽게 하려 하시며

고린도전서 1장 27절

숙제 검사

초등학교 2학년 때

담임선생님은
숙제 검사를 하시며 꼭 첫 페이지에 도장을 찍어 주셨다
내가 생각하기에 첫 페이지만 보시는 듯했다

그날도 해야 할 숙제가 있었고
숙제를 하기 싫었던 나는
선생님의 검사하시는 방법을 생각하며 첫 장만 숙제를 했다

다음 날
검사를 받는데
이게 웬일인가
내 것만 다음 페이지도 펴 보시는 게 아닌가

나의 어리석음을 모른 채
당당하게 숙제 검사를 받던 나는
친구들이 보는 앞에서
바지를 내리고 엉덩이에 회초리를 맞아야 했다

이 날의 아픈 추억은
지금까지 나의 기억에서 지울 수 없다

큰 아이가 고등학교 시절
나에게 한 말이 생각이 난다

아빠는 교회에서 교인들에게는 웃으며 인사도 잘하는데
우리한테는 왜 안 그래요?

당황했다
집에서 화났다고 교회에서까지 화를 낼 수 있는 것도 아닌데
나의 태도가 다르다고 이유를 따져 묻는 큰 아이의 질문에
난 대답하기가 어려웠다

나의 삶이 그러했던 것 같다
초등학교 2학년 때 숙제를 하듯
남이 보는 부분에서는 반듯하게 하고
남이 보지 않는 부분에서는 그러하지 않았다

하나님께서 내게 주신 인생의 숙제를 검사하시면
나는 어찌할꼬?

아버지께서 자기 속에 생명이 있음 같이
아들에게도 생명을 주어 그 속에 있게 하셨고
또 인자됨으로 말미암아 심판하는 권한을 주셨느니라
선한 일을 행한 자는 생명의 부활로,
악한 일을 행한 자는 심판의 부활로 나오리라

요한복음 5장 26절, 27절, 29절

부모 마음

아내가 최근 들어 몇 번을 요구했다
큰딸의 남자친구를 만나 보자고.
아마 큰딸과 둘째 딸이 아내에게 조른 것 같았다

약 1년 전,
둘째 딸의 요구로 둘째 딸의 남자친구를 만난 적이 있다

둘째 딸의 소개에 의하면
친구는
신앙이 좋고
식구들도 교회에 다니며
공부를 잘하여 좋은 대학과 동대학원까지 졸업했고
외모도 준수할 뿐 아니라 경제력까지 갖추었다고 했다

만남 후 아내와 합의한 의견을 둘째 딸에게 말했다
나와 엄마의 생각에
이러저러한 이유로 그 청년은 너와 맞지 않는다고 생각한다
그래서 우리는 너의 교제交際를 찬성하기 어렵다

의견을 들은 둘째 딸 아이는 며칠을 기도했고
내가 이야기한 이유들을 고민한 뒤 그 청년과 헤어졌다고
아내가 얘기했다

그런데 첫째 딸이 교제하는 청년은
흔히 사람들이 얘기하는 객관적 수준(?)이
둘째 딸이 만났던 청년과는 비교가 안 되었다
그러니 첫째 딸의 마음은 오죽 답답했을까

아내의 성화에 못 이겨 청년을 만났다
만나 보니 그 청년은 내가 들은 얘기와 달랐다

본인의 신앙이 좋았다
또한 청년의 신실함을 느낄 수 있었다
비록 현재는 내세울 게 없지만
소박하고 안정된 미래를 꿈꾸고 있었고 가능해 보였다
청년에게는 귀감이 되는 부모님의 삶과 사랑이 품어져 있었다
마지막으로 내 딸을 진실로 사랑함이 보였다
따라서
사람들이 흔히 이야기하는 객관적 수준은
나에게 문제가 되지 않았다

헤어지며 청년과 큰딸에게 얘기했다
서로 진실하게 잘 사귀어 보라고

만남이 있었던 날 밤
첫째 딸은 우리 방에 오더니 울면서 얘기했다

내가 외적 기준을 너무 따지는 줄 알았고
따라서 교제를 승낙하지 않으리라 생각했는데

예상 밖의 이야기들을 했다는 것이다
감사하다고 했다

그래서 말했다
이것이 부모의 마음이라고

왕의 마음이 심히 아파 문 위층으로 올라가서 우니라
그가 올라갈 때에 말하기를
내 아들 압살롬아 내 아들 내 아들 압살롬아
차라리 내가 너를 대신하여 죽었더면,
압살롬 내 아들아 내 아들아 하였더라

사무엘하 8장 33절

저 아이도 그랬는데요 뭐

교회 어린이 주일학교에서
아이들과 함께한 시간이 오래여서 그런지
세월과 함께 아이들이 변해 감을 느낀다

과거엔
아이들이 잘못했을 때 꾸중을 하면
잘못했다며 진심으로 용서를 빌었다

요즈음
모든 아이들이 그런 건 아니지만
적지 않은 아이들의 대답은
나만 그랬나요?
저 아이도 그랬고 이 아이도 그랬는데
'왜 나보고만 그래요?'라며 오히려 화를 낸다

어쩔 수 없이 부모에게 이야기를 전하면
부모들 또한 대부분
아이들과 비슷한 대답을 한다

잘못을 인정하고 고치는 것보다
아이의 자존심을 지키는 것이 더 중요하다는
부모의 변辨은
나의 마음을 안타깝게 한다

내가 불렀으나 너희가 듣기 싫어하였고
도리어 나의 모든 교훈을 멸시하며 나의 책망을 받지 아니하였은즉
너희가 재앙을 만날 때에 내가 웃을 것이며
너희에게 두려움이 임할 때에 내가 비웃으리라

잠언 1장 24~26절

하나님이 허락하신 걱정

광야 그리고 삶

출애굽 한
모세와 이스라엘 백성이
갈 수 있었던 곳은 광야였다
그리고
그곳에서 40년간 삶을 영위해야 했다

의. 식. 주
입을 것과 잠자리는 차치且置하더라도
모세는
먹을 것을 어떻게 조달할 생각을 했을까?

광야에
먹거리가 없음은
누구보다 잘 알았을 것인데
무슨 배짱으로 그리했는지 궁금하다

물론
모세가 성경에 기록했듯이
하나님의 도우심이 있었음을 안다

그런데
문제는
하나님께서 먹거리를 하루 분량만 주시고
이틀 분량은 허락하지 않으셨다는 것이다

따라서
하루의 삶이 지나가는 밤에는
다음 날의 먹거리를 걱정하며
모세는 잠을 이루지 못했을 것이다

모세처럼
내일을 보장받지 못하는 오늘 밤은
잠을 이루기가 쉽지 않다
사람이기에

사람의 마음을 아시는 하나님은
말씀으로 걱정 말라 하셨지만
걱정 또한 허락하셨다

허락하신 걱정

하나님을 향한
갈급함의 씨앗이 되어
그분과의 만남을 이루게 한다

나에게 필요한 것을
나보다 더 잘 아시는 하나님은
필요한 시기에 적절히 채워 주신다
하나님을 만날 때

걱정 없는 삶이 하나님을 외면하게 만들기에
걱정 말라 하시며 걱정을 허락하셨다

오늘 있다가 내일 아궁이에 던져지는 들풀도
하나님이 이렇게 입히시거든
하물며 너희일까 보냐 믿음이 작은 자들아
그러므로 염려하여 이르기를
무엇을 먹을까 무엇을 마실까 무엇을 입을까 하지 말라
이는 다 이방인들이 구하는 것이라
너희 하늘 아버지께서 이 모든 것이 너희에게
있어야 할 줄을 아시느니라
그런즉 너희는 먼저 그의 나라와 그의 의를 구하라
그리하면 이 모든 것을 너희에게 더하시리라
그러므로 내일 일을 위하여 염려하지 말라
내일 일은 내일이 염려할 것이요
한 날의 괴로움은 그 날로 족하니라

마태복음 6장 30~34절